Quiero Tocar la TROMPETA

por Victor M. Barba

Nivel 1

Contenido del CD

1 Estudio Para Trompeta No. 1	20 Estudio Para Trompeta No. 20	39 Respirando Amor	58 Dia A Dia No. 6
2 Estudio Para Trompeta No. 2	21 Escala de Sol Mayor	40 Repitelo Otra Vez	59 Dia A Dia No. 7
3 Estudio Para Trompeta No. 3	22 Escala de Re Mayor	41 Un Amigo Nada Más	60 Dia A Dia No. 8
4 Estudio Para Trompeta No. 4	23 Escala de Do Mayor	42 Abrazame Ahora	61 Adornos Para Trompeta No. 1
5 Estudio Para Trompeta No. 5	24 Escala de Fa Mayor	43 Marcha Naval	62 Adornos Para Trompeta No. 2
6 Estudio Para Trompeta No. 6	25 Escala de Mi Mayor	44 Una Triste Canción	63 Adornos Para Trompeta No. 3
7 Estudio Para Trompeta No. 7	26 Escala de Mi♭ Mayor	45 Di Que Si	64 Adornos Para Trompeta No. 4
8 Estudio Para Trompeta No. 8	27 Escala de Re♭ Mayor	46 La Brisa De Verano	65 Figuritas o Solos No. 1
9 Estudio Para Trompeta No. 9	28 Escala de Si Mayor	47 En el tono de Do Mayor	66 Figuritas o Solos No. 2
10 Estudio Para Trompeta No. 10	29 Escala de Re menor natural	48 En el tono de Re Mayor	67 Figuritas o Solos No. 3
11 Estudio Para Trompeta No. 11	30 Escala de Re menor armonica	49 Adornos en varios tonos	68 Figuritas o Solos No. 4
12 Estudio Para Trompeta No. 12	31 Escala de Re menor melodica	50 Variaciónes de arpegios	69 Un Nuevo Dia
13 Estudio Para Trompeta No. 13	32 Simplemente	51 Himno A La Alegria	70 Melodia Sin Fin
14 Estudio Para Trompeta No. 14	33 El Primer Dia Que Te Vi	52 La Cucaracha	71 Intermezzo
15 Estudio Para Trompeta No. 15	34 Sin Tus Ojos	53 Dia A Dia No. 1	72 El Ultimo Romance
16 Estudio Para Trompeta No. 16	35 Tres Dias Sin Ti	54 Dia A Dia No. 2	73 Marcha Global
17 Estudio Para Trompeta No. 17	36 Eres El Sol	55 Dia A Dia No. 3	74 Marcha Feriada
18 Estudio Para Trompeta No. 18	37 Reencuentro	56 Dia A Dia No. 4	
19 Estudio Para Trompeta No. 19	38 Sueños De Fama	57 Dia A Dia No. 5	

1 2 3 4 5 6 7 8 9 0

© 2011 BY MEL BAY PUBLICATIONS, INC., PACIFIC, MO 63069.
ALL RIGHTS RESERVED. INTERNATIONAL COPYRIGHT SECURED. B.M.I. MADE AND PRINTED IN U.S.A.
No part of this publication may be reproduced in whole or in part, or stored in a retrieval system, or transmitted in any form
or by any means, electronic, mechanical, photocopy, recording, or otherwise, without written permission of the publisher.

Visit us on the Web at www.melbay.com — E-mail us at email@melbay.com

Teoría Basica.

El Pentagrama.

El **Pentagrama** es la base para escribir la música. Toda la música se escribe sobre un **Pentagrama**. El **Pentagrama** tiene 5 líneas y 4 espacios. La primer línea es la de abajo y la quinta línea es la de arriba.

Las notas se pueden escribir en las líneas o en los espacios. Los nombres de las notas se toman de acuerdo al lugar en dónde se colocan en el **Pentagrama**.

El Pentagrama

La Clave De Sol y La Clave de FA.

La clave de Sol se usa para identificar las notas en el pentagrama. **La clave de Sol** es un símbolo que usan los instrumentos cómo la guitarra, la trompeta, la flauta, el violin y muchos más que usan notas agudas, o notas altas.

El piano usa dos claves, la de Sol y la de Fa. Normalmente **la clave de Sol** es para la mano derecha, y **la clave de Fa** es para la mano izquierda.

La Clave de Fa se usa para el bajo, el cello, el contrabajo y el trombon.

El Compás.

La música se divide por **compáces**. Un **compás** es la distancia que hay entre dos barras de **compás**.

Al final de cada canción o pieza musical, se escribe una doble barra de **compás**. Un **compás** de 4/4 tiene cuatro notas de un tiempo, o ocho notas de medio tiempo. Un **compás** de 3/4 tiene solo tres notas de un tiempo o seis notas de medio tiempo.

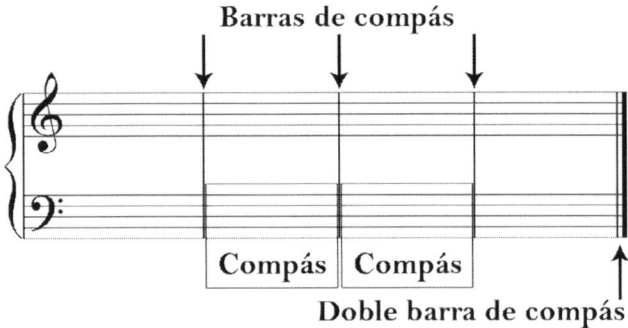

La Barra de Compás.

Las Barras de compás son las líneas verticales que atraviezan el pentagrama, desde la primera línea hasta la quinta línea. Hay varios tipos de **barra de compás**, normal, doble, punteada etc. Las más comúnes son: La normal y la **doble barra de compás**.

La Clave Del Tiempo.

Depende del estilo de música que vayas a tocar, se usa diferente **clave del tiempo**. Para una ranchera o un valz, se usa 3/4, para un corrido por ejemplo, se usa el 2/4. La mayoria de baladas o rock son en 4/4, también está el tiempo de 6/8 o 3/8.

Algúnas personas le llaman compás de 4/4 o compás de 6/8. El número de arriba te dice cuantas notas debes de tocar en el compás, y el número de abajo te indica que tipo de notas debes de usar.

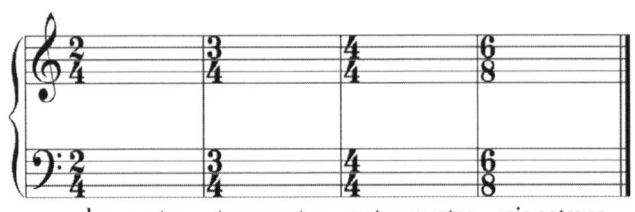

Las Notas.

Para leer y escribir música ocupas las notas. Hay varios tipos de notas con diferente valor cada una.
Las más comunes son: **La Redonda**, que dura 4 tiempos. **La Blanca**, que dura 2 tiempos. **La Negra**, ésta nota dura 1 tiempo y **La Corchea**, que dura un octavo. o la mitad de un tiempo.

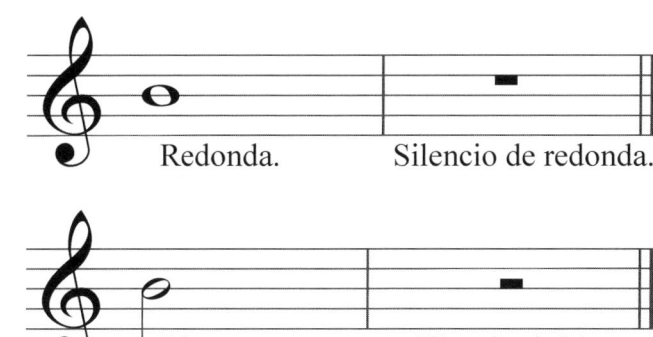

Los Silencios.

El silencio es también muy importante en la música. Por cada una de las notas musicales hay un sílencio que le corresponde. Fíjate en el dibujo de la derecha y compara las notas con sus respectivos sílencios.

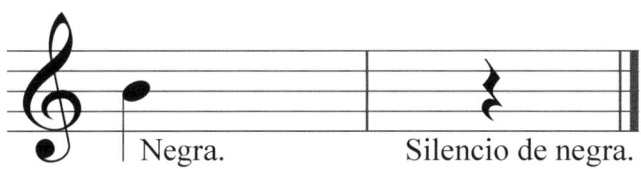

Los Nombres De Las Notas.

Hay 7 notas musicales: Do-Re-Mi-Fa-Sol-La-Si.
Despues de la nota de Si, se vuelve a repetir todas las notas otra vez y otra vez: Do-Re-Mi-Fa-Sol-La-Si-Do-Re-Mi-Fa-Sol-La-Si-Do-Re-Mi etc.
En el idioma ingles, en lugar del nombre de las notas se usan letras: C - D - E - F - G - A - B.

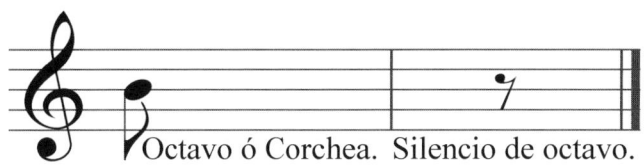

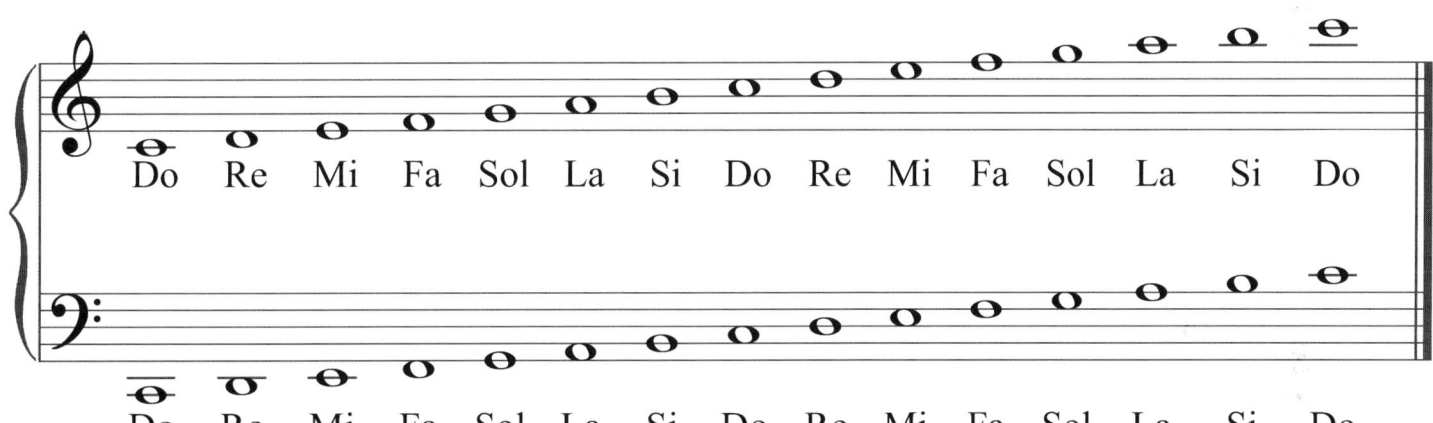

Símbolos Musicales.

Hay muchos símbolos en la música, estos son solo algúnos de ellos, se les llama alteraciónes:

El sostenido (♯) que sube el sonido de la nota medio tono.
El bemol (♭) que baja el sonido de la nota medio tono.
El Becuadro (♮) que cancela el sostenido y el bemol.
También está **el Calderón** (⌒) que detiene el tiempo para alargar la duración de las notas, normalmente al doble de su valor original.

Símbolos De Repetición.

Éstos son algunos símbolos que se usan para repetir un trozo de música.

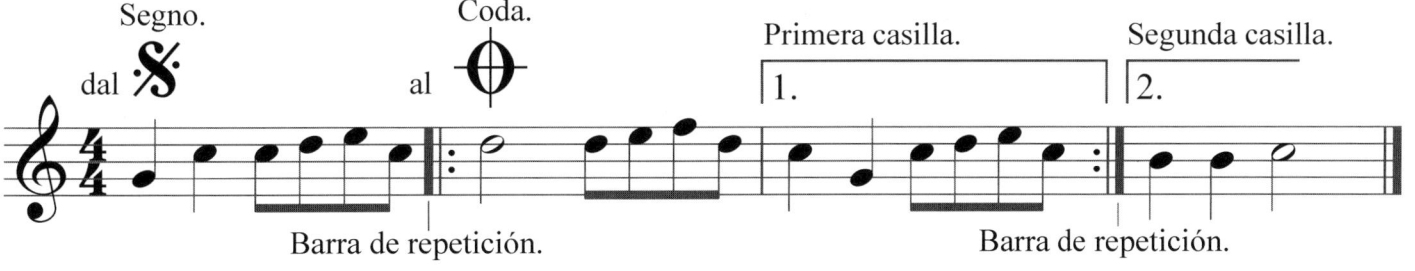

En la Trompeta.

Las partes de la Trompeta.

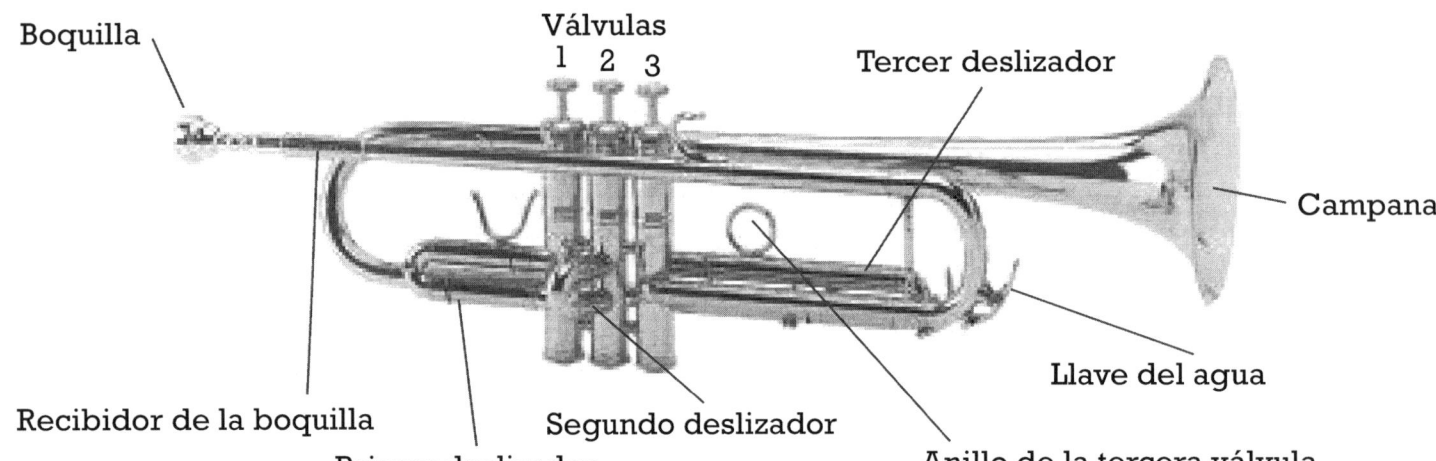

Algunas notas en la trompeta, son más fáciles de tocar que otras. Las notas muy altas son dificiles de tocar. Siempre manten la trompeta limpia y en buenas condiciones.

Recuerda que la calidad del instrumento es muy importante a la hora de tocar. Si es una trompeta no tan buena, puede ser que algunas notas no las puedas tocar bien, aun practicando dia y noche, asi que, aun para empezar, trata de ajustar el instrumento para que puedas tocar todas las notas. (hay lugares que ajustan los instrumentos, o puedes preguntarle a tu maestro que te ayude en esto).

Practica todos los dias aunque sea un ratito.

La boquilla de la trompeta se ajusta a los labios, y si soplas con los labios apretados el sonido es más fuerte y más alto, entre más sueltos los labios el sonido será más bajo.

Al principio vas a sentir como un hormigueo en los labios, y eso es totalmente normal, con el tiempo te vas a ir acostumbrando.

Notas en la Trompeta.

Postura correcta.

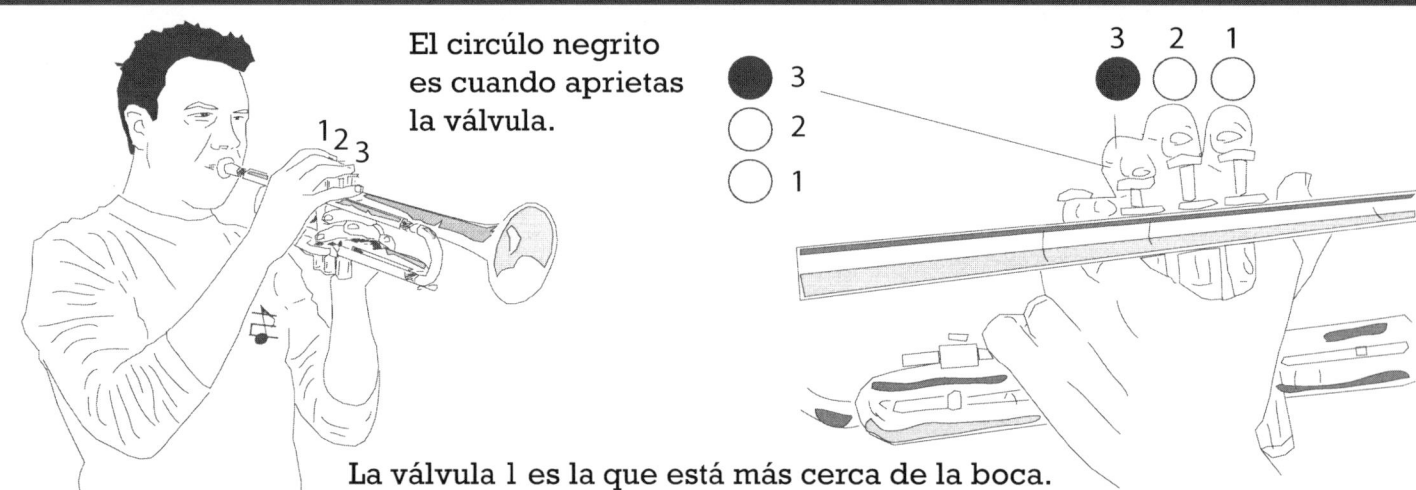

El circúlo negrito es cuando aprietas la válvula.

La válvula 1 es la que está más cerca de la boca.

MUY IMPORTANTE!

La trompeta tiene siete posiciónes, si te las aprendes, vas a poder tocar todas las notas más fácil. Fíjate que van en orden cromatico para abajo, Do-Si-Si♭-La-La♭-Sol-Fa♯, y con cada una puedes tocar 8 notas.

Acordes en la trompeta.

Algunas veces vas a ver música escrita para trompeta, especialmente en el Jazz, en donde hay algunos compases en blanco y arriba estan escritos algunos acordes, como E♭maj7, Ddim, o F9/B♭. Normalmente esa parte de la música se tocaria con el piano o la guitarra, que son los instrumentos que pueden tocar acordes, pero aveces con la trompeta se puede improvisar tocando algunas notas de cada acorde. Las notas del acorde de E♭maj7 son: Mi♭-Sol-Si♭-Re. Asi que es bueno que te aprendas las notas de todos los acordes.

Como la trompeta solo puede tocar una nota a la vez, por eso cuando se ocupa un acorde completo, se usan tres o cuatro trompetistas tocando al mismo tiempo.

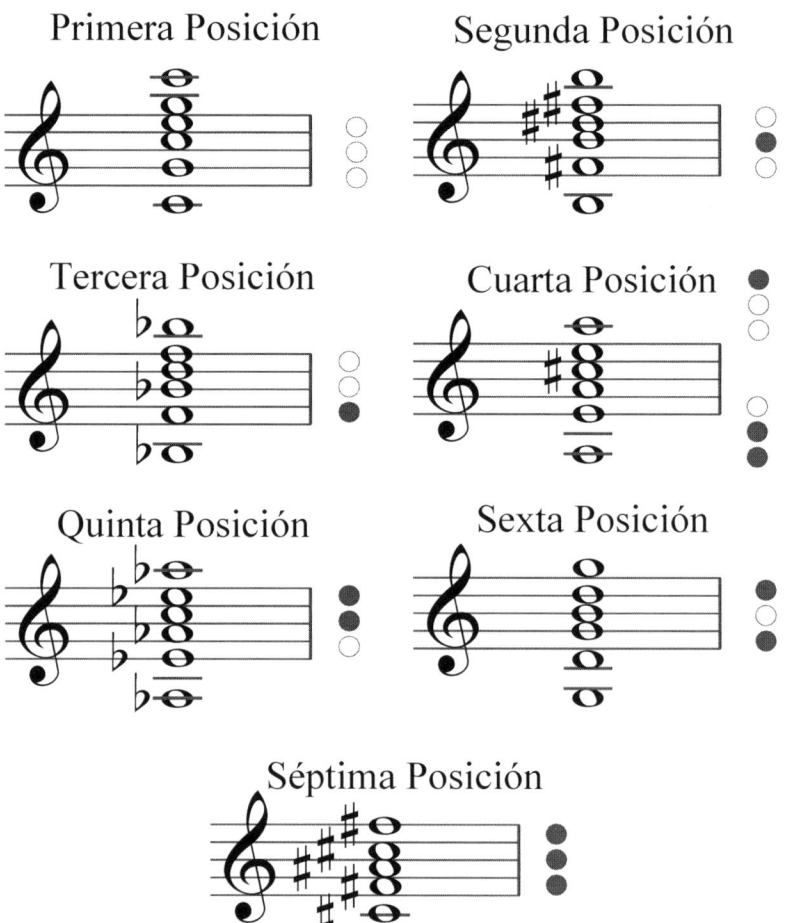

Relajate al tocar la Trompeta.

Cuando uno toca cualquier instrumento de música, es muy importante estar relajado, para que no te canses al estar tocando. Cuando notes que te duelen los hombros o los brazos, relajete y descansa. Luego vuelves a seguir practicando.

Especialmente en la trompeta debes descansar los labios, porque al principio se siente como un hormigueo y se cansa uno mucho, y si tocas demaciado se ponen rojos, todo eso es normal, y con la practica poco a poco las molestias se te van a quitar. Recuerda que siempre debes de mantener tu trompeta limpia y en buenas condiciones.

Estudios para Trompeta.

Como tocar los estudios.

Los estudios para trompeta te van a ayudar a mantener una buena entonación y un buen sonido. Te recomiendo tocar cada uno de estos estudios varias veces y usando el CD, para que oigas como se debe escuchar cada nota.

Además de tocar cada estudio, te recomiendo que cada una de las notas que vayas aprendiendo a tocar, la toques el mayor tiempo de duración que puedas, se le llaman notas largas.

Estudio Para Trompeta No. 1
Las tres válvulas abiertas.

Moderato ♩ = 85 — Easy Music School

Seguimos tocando la nota de Sol, pero con notas de un tiempo, recuerda que la nota redonda (o) dura 4 tiempos, la blanca (♩) 2 tiempos y la negra (♩) dura 1 tiempo cada una.

No aprietes ninguna válvula y toca la trompeta. Vas a producir o un sonido bajo, o un sonido alto, el sonido alto seguirito que va a ser la nota de Sol. Compruebalo tocando junto con el CD.

Estudio Para Trompeta No. 2

Moderato ♩ = 85 — Easy Music School

7

Aqui tenemos una nota nueva, la nota de Fa. Fijate en el dibujito arriba de la nota, solo aprietas la válvula No. 1, la que está más cerca de la boca, aprietala con el dedo índice de la mano derecha, no es dificil de tocar, lo que importa es la **embocadura**.

La embocadura es la forma en que tocas la boquilla, si la aprietas mucho, o si está muy floja, si la boca está muy adentro o muy afuera etc. éste tipo de cosas afectan el sonido de cada nota, con el tiempo lo iras haciendo mejor.

Comita de respiración.

Una nota más, la nota de Mi. Aprieta la válvula uno y dos. No se te olvide tocar notas largas de cada una de las notas; Sol, Fa, Mi.
Manten buena postura y practica todos los dias cuando menos media hora diaria.

La comita de respiración, es un símbolo que se usa para indicar cuando debes respirar, la comita está puesta en ciertos lugares y es más o menos. Algunas personas pueden mantener la respiración más tiempo que otras, tu toca el estudio y siguelo confortablemente con el CD.

8

Signo de Repetición.

El signo de repetición se usa para no tener que escribir la misma música dos veces. En éste estudio hay también una nota nueva, la nota de Re. Fijate como tocas las valvulas de la orilla sin apretar la valvula de enmedio. La nota de Re se encuentra debajo de las cinco lineas del pentagrama.

Signo de Repetición.
Los dos puntitos junto con la doble barra de compás significa que la música se debe repetir.

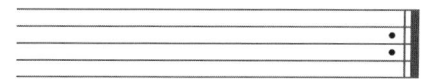

Silencio de un tiempo (𝄽)

Aqui tenemos el silencio de un tiempo. Quiere decir que cada vez que veas éste símbolo (𝄽) no debes de tocar nada, y hacer silencio por un tiempo.

El silencio en la música, es tan importante como el sonido, no existe ninguna melodia en el mundo, en donde no se utilice algun tipo de silencio.

Ligadura de Fraseo.

La ligadura de fraseo es la línea curveadita que está arriba o debajo de varias notas de diferente sonido.
La puedes usar para darte una idea de como debes respirar, todas las notas que esten entre la ligadura de fraseo se deben tocar en una sola respiración.

Ligadura de Fraseo
Toca todas las notas, en una sola respiración.

Estudio Para Trompeta No. 7

Ligadura de fraseo

Algo muy importante aqui es la nota de Do. Fíjate que se toca igual que la nota de Sol que ya conoces, sin apretar ninguna valvula, pero se oye diferente.
Ten cuidado de tocarla bien, y el mismo estudio te va llevando poco a poco para abajo.

Ya que la puedas tocar bien, debes de practicar la nota de Sol y luego la nota de Do, toca muchas veces una y otra, hasta que las puedas distinguir y tocar con facilidad.

Estudio Para Trompeta No. 8

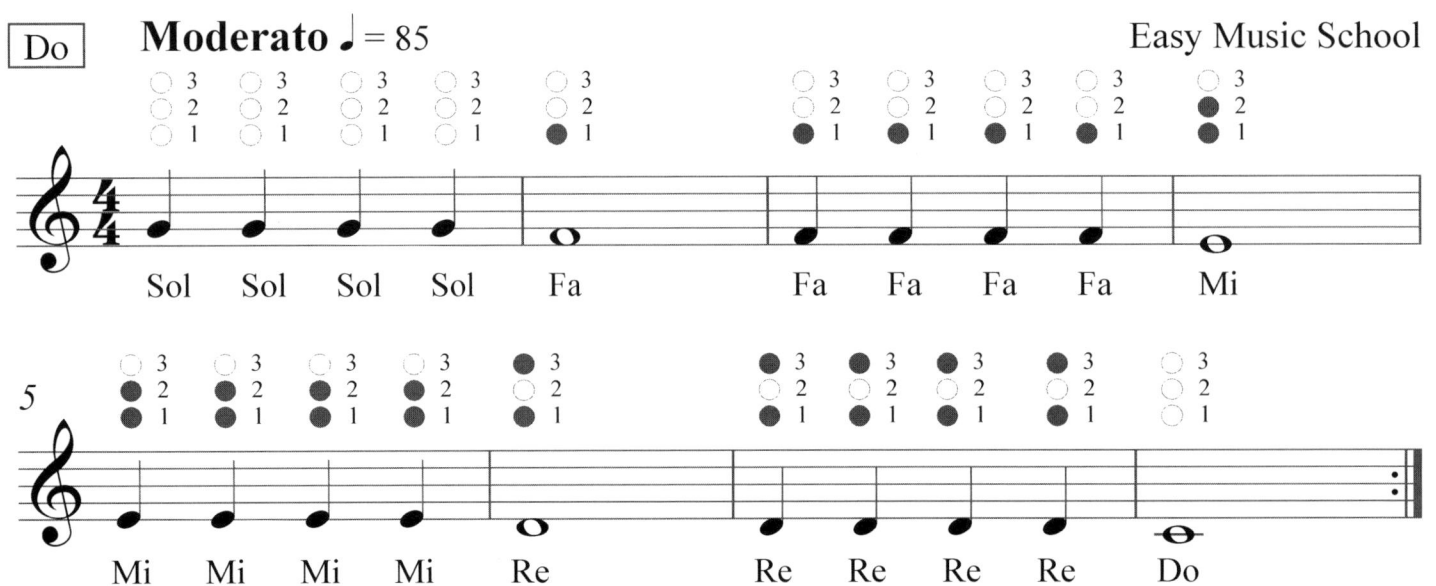

Otro estudio más para que practiques la nota de Do y la nota de Sol. Recuerda que cuando menos debes de tocar cada estudio unas diez veces seguidas sin equivocarte, si lo puedes hacer asi, ya estas listo para el siguiente estudio, y si no...a practicar!

¿La nota redonda, cuanto tiempo dura? _____
¿Y la blanca, cuanto tiempo dura? _____
¿Cuales dos notas se tocan con las valvulas abiertas? _____
¿Cuanto tiempo dura la nota negra? _____

Estudio Para Trompeta No. 9

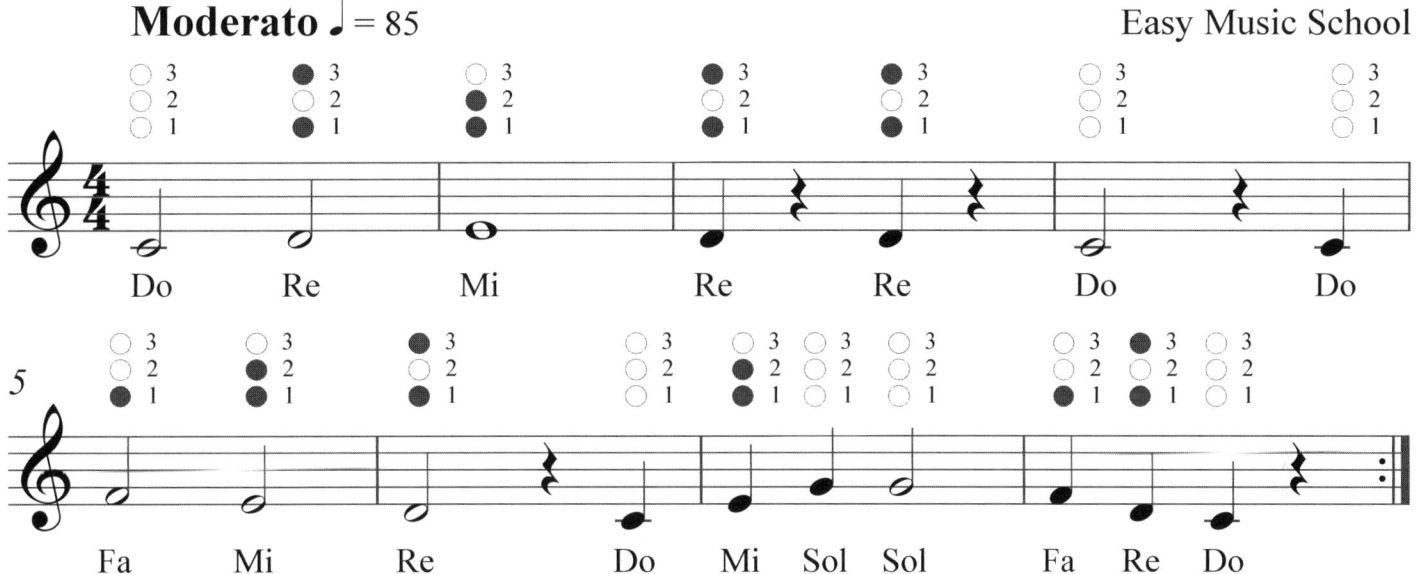

Aqui tienes una nota nueva, la nota de La. De aqui en adelante vas a ver como varias notas se tocan con la misma posición de los dedos, pero la embocadura es diferente. Recuerda que entre más alto el sonido más apretados son los labios.

La nota de Mi y la nota de La se tocan igual, con la valvula 1 y 2 apretadas. Como puedes ver en la pagina 6, está la cuarta posición de la trompeta, y éstas dos notas tambien se pueden tocar apretando solo la tercera valvula. Toca el estudio de las dos formas.

Estudio Para Trompeta No. 10

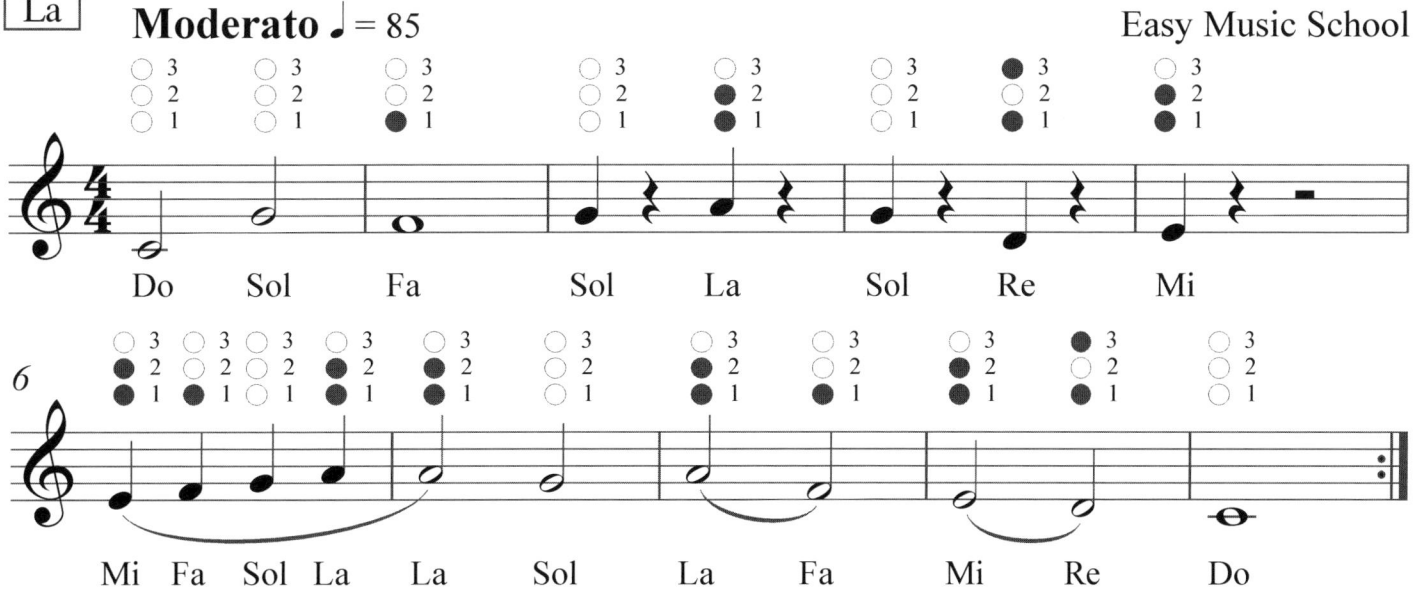

Una nota nueva para tocar, la nota de Si, en la tercera línea del pentagrama. Como puedes ver, ésta nota se toca igual que Re, pero recuerda que con diferente embocadura. Como repazo de notas, toca cada una muchas veces sin equivocarte.

Vamos a recordar todas las notas que ya conoces, Do, Re, Mi, Fa, Sol, La y Si. Al puro ver el nombre debes de recordar en que posición se toca cada una, en caso de que no te acuerdes, entonces fíjate en las paginas 4, 5 y 6.

Estudio Para Trompeta No. 11

Una nota más, el Fa♯ en el primer espacio. Se toca igual que la nota de Si que ya conoces. En el primer compás hay una nota de Fa♯, pero en el tercer compás hay una nota de Fa, que no es sostenido, porque no tiene el símbolo de sostenido (♯), entonces es un Fa natural.

Tienes que tener cuidado, cual es Fa y cual es Fa♯, ademas siempre es bueno que escuches el CD, para que oigas la tonadita, y lo compares con lo que tu estas tocando, se debe de oir igual.
En los proximos estudios, ya no le voy a poner los números 1, 2 y 3 a un lado de las valvulas, asi que ponte listo.

Estudio Para Trompeta No. 12

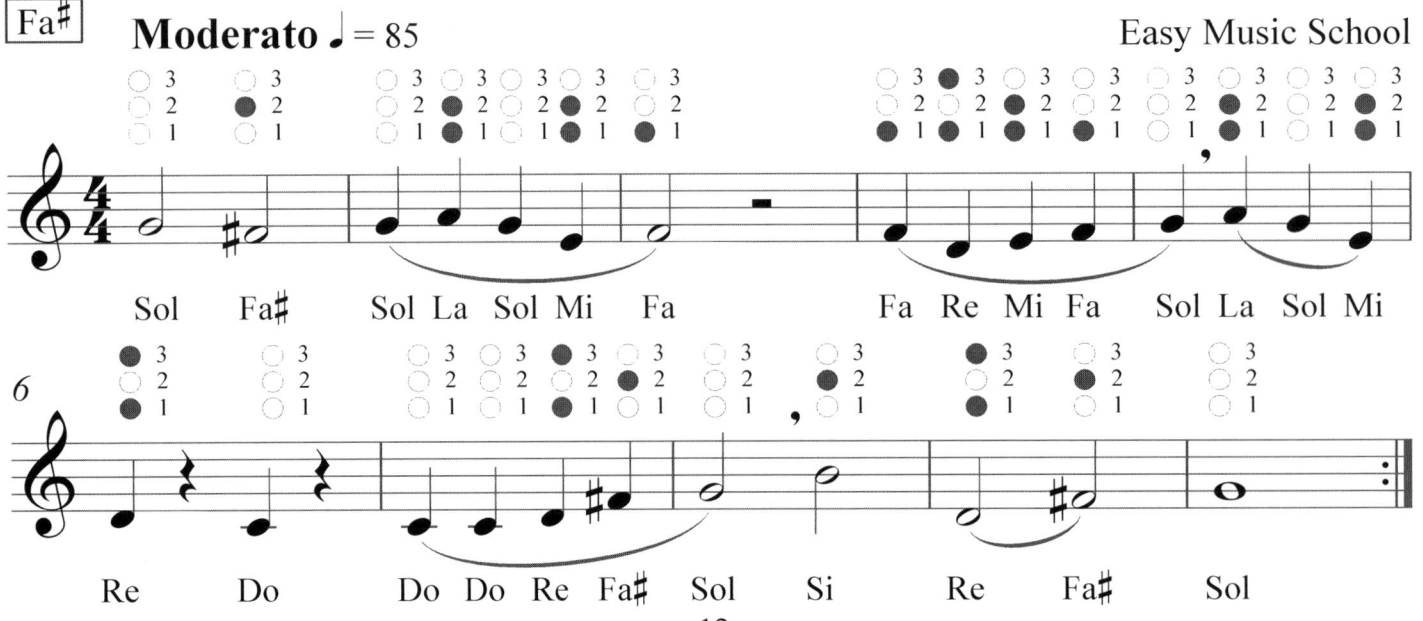

Éste estudio tiene varias cosas nuevas, vamos a ver.
2do compás, la tercer nota es Fa♯, aun cuando no tiene el símbolo de sostenido (♯), no se ocupa porque está en el mismo compás.

7mo compás, las últimas dos notas, una es Fa♯ y la otra es Fa natural, el símbolo de becuadro (♮) se usa para cancelar el sostenido.

3er compás y último compas, las dos notas de sol valen tres tiempos, una porque tiene la ligadura que une las dos notas, y la última por el puntito delante de la nota. El puntito agrega la mitad del su valor.

Estudio Para Trompeta No. 13

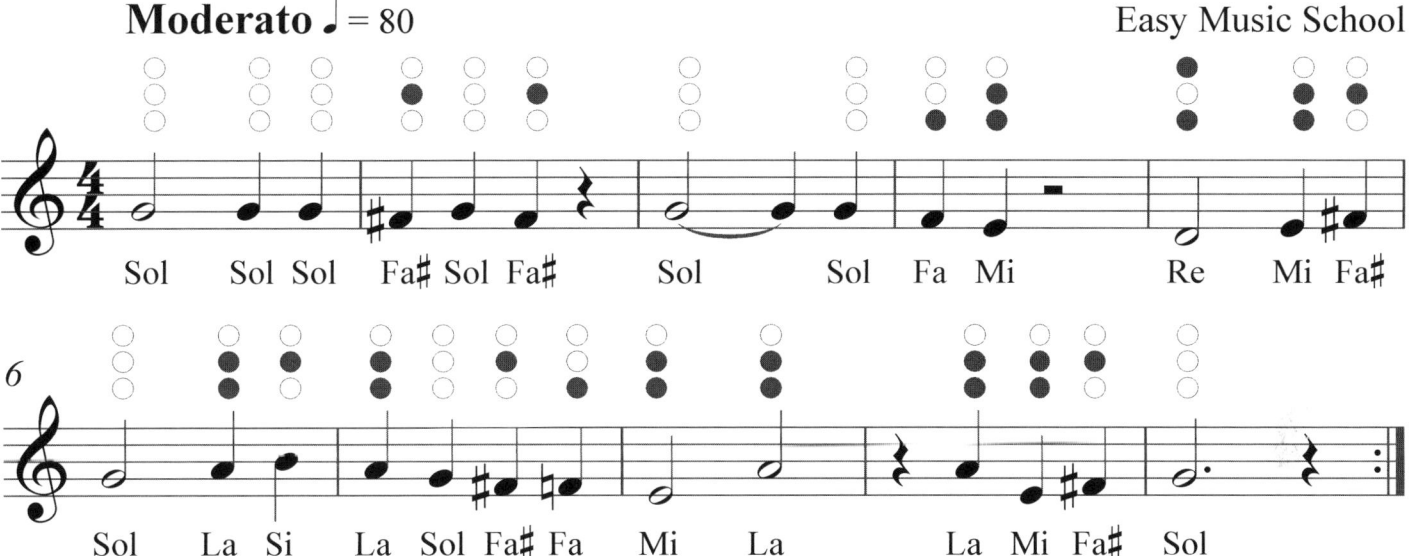

La nota de Fa y la nota nueva Si♭ del estudio 14 se tocan con la misma posición, solamente apretando la valvula 1.

Recuerda que en la trompeta se puede tocar la misma nota en diferentes posiciónes, y con la misma posición se pueden tocar diferentes notas.

Ya se que esta medio revoltoso, pero que le vamos a hacer, yo no invente la trompeta. No te preocupes tanto, entre más aprendas, todo se te va a hacer más fácil. No se te olvide escuchar primero el CD.

Estudio Para Trompeta No. 14

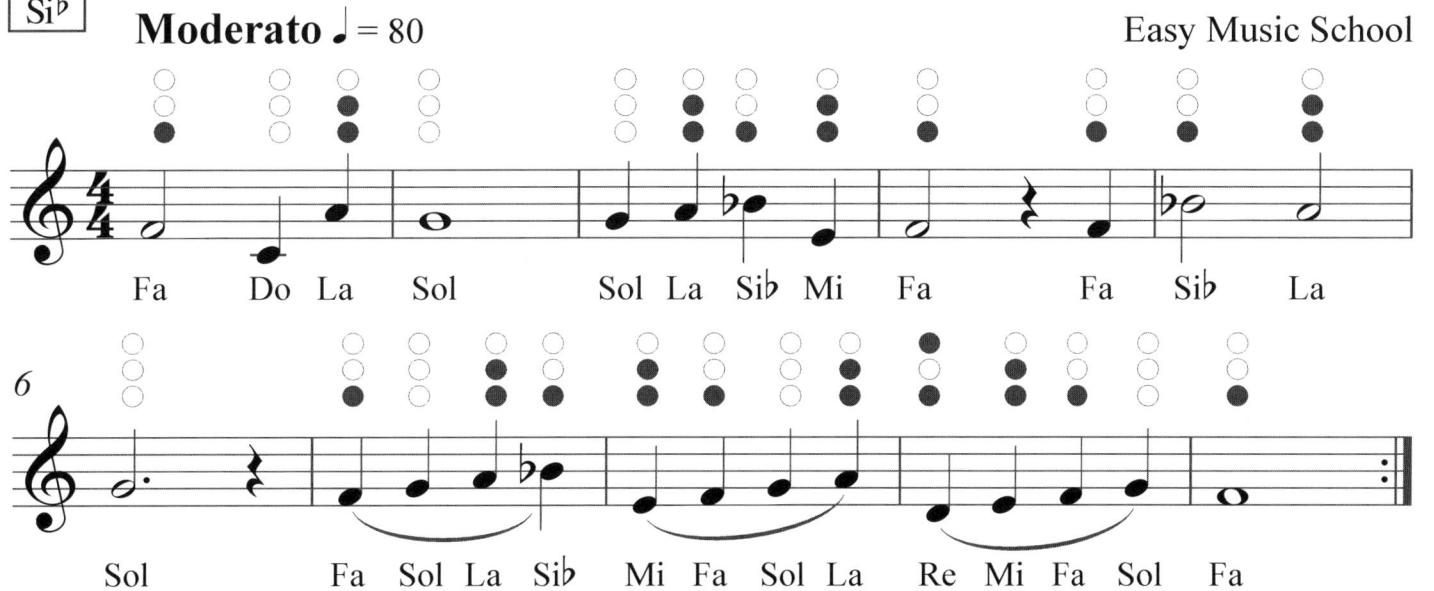

Blanca con puntito.

Ya te di una probadita en el estudio No. 13 de la ligadura. Pon atención en estos dos estudios, te vas a encontrar una nota blanca con un puntito, esa nota vale tres tiempos, porque el puntito aumenta el valor de la nota, la mitad de su valor original. Si la nota vale dos tiempos y le pones un puntito, entonces son; 2 + 1 = 3.

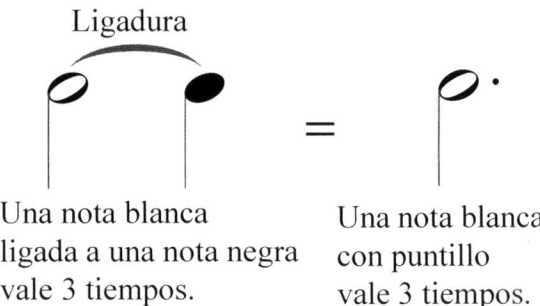

Estudio Para Trompeta No. 15

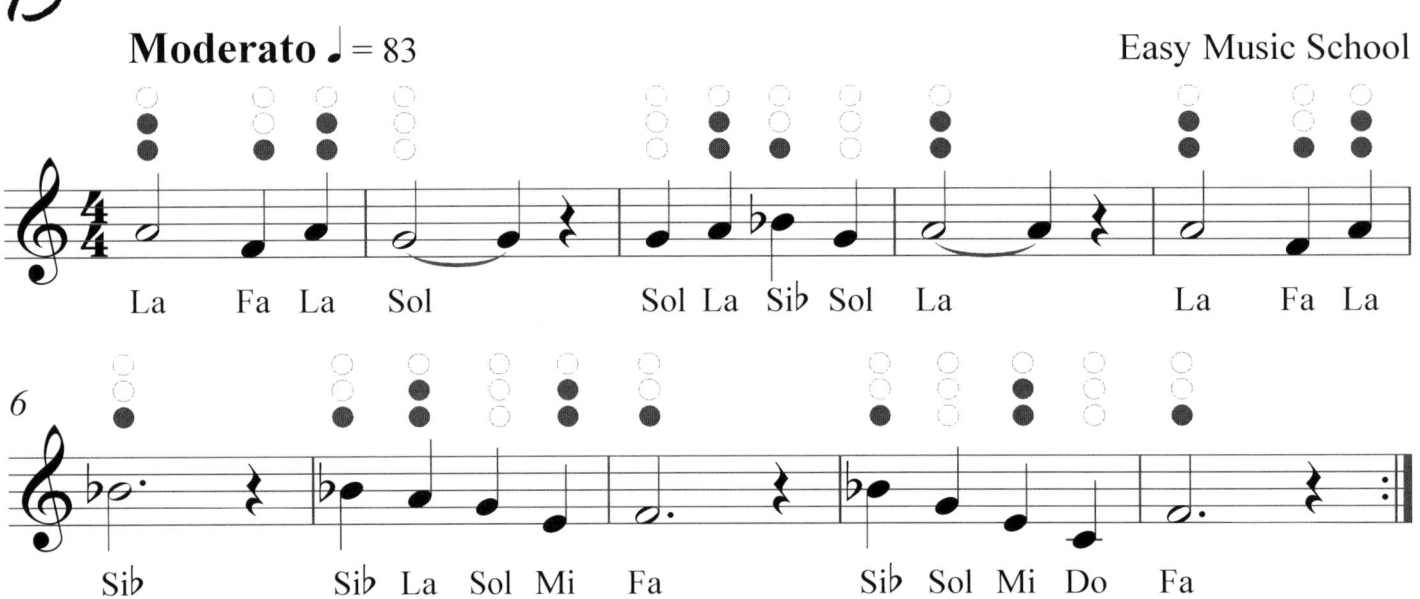

Dos notas nuevas, Mi♭ y La♭. Las dos se tocan en la misma posición, con diferente embocadura, una se oye más baja que la otra. Es muy importante que te memorices las posiciones de las notas en la trompeta, para que cuando no estes viendo el libro, sepas como se toca cada nota.

Otra cosa importante en éste estudio es la ligadura que va de la tercer nota del cuarto compás (Mi♭), a la primer nota del quinto compás (Mi♭), la ligadura hace que la nota dure tres tiempos, aunque pase de un compás a otro, no tiene nada que ver la barra de compás, dura tres tiempos.

Estudio Para Trompeta No. 16

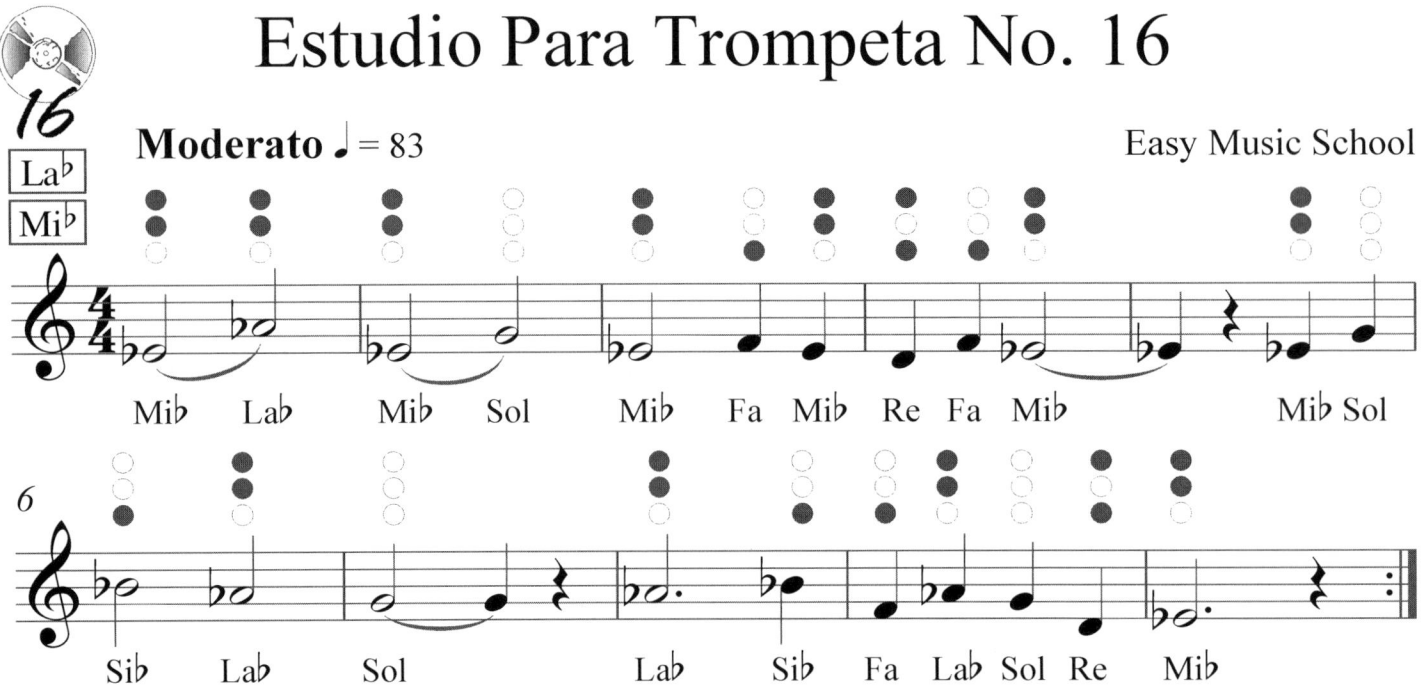

Armadura de Re.

La Armadura de Re es cuando se ponen los sostenidos que vas a ocupar en la canción, al principio de la escritura musical, despuecito de la clave de Sol, vas a ver dos simbolos de sostenido, uno es para la nota de Fa♯, y la otra para la nota de Do♯.

Quiere decir que todas las notas que sean Fa, se deben de tocar como Fa♯, y todos las notas que sean Do, se tocan Do♯, de esa forma no hay que estarle poniendo el sostenido enfrente de cada una de las notas. El Do♯ se toca con las tres valvulas apretadas, y fíjate que el Fa♯ lo vas a tocar solo con la valvula de enmedio apretada.

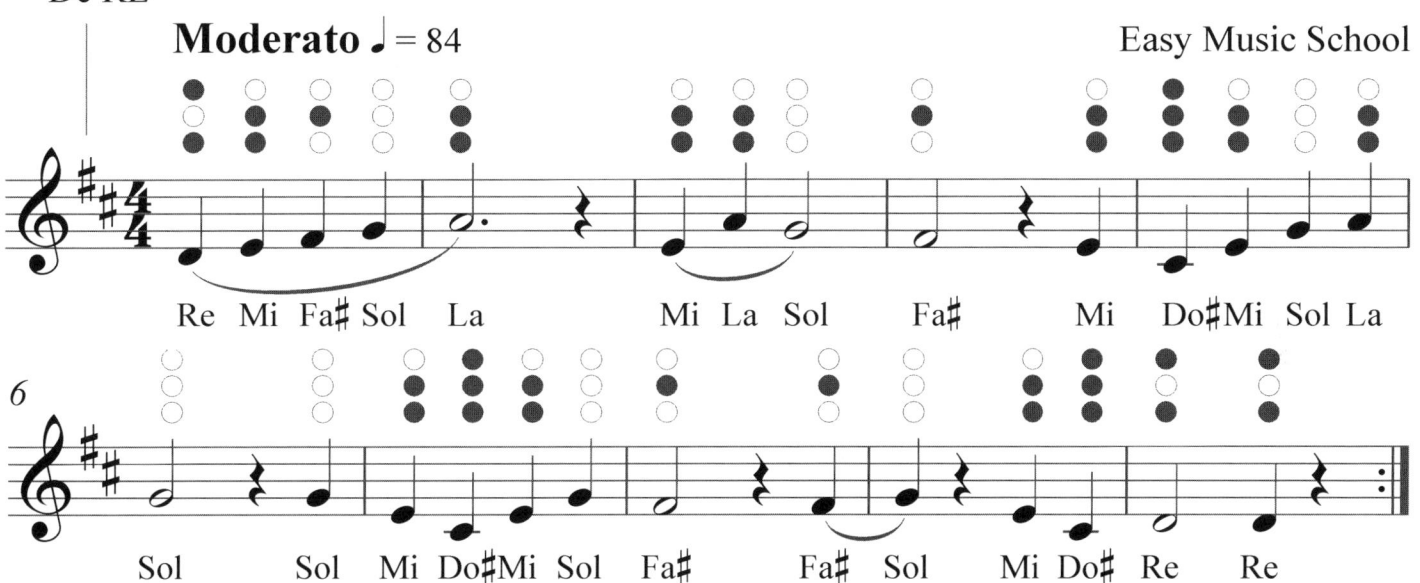

En la Armadura de Sol hay un sostenido, el Fa♯. La armadura te sirve para saber en que tono estas tocando, en éste caso se trata del tono de Sol.

Para aprender a tocar más rapido, toca primero dos compases, hasta que te los sepas bien. Luego los otros dos y juntalos con los primeros dos.

Poco a poco, compás por compás, hasta que toques todo el estudio completo.

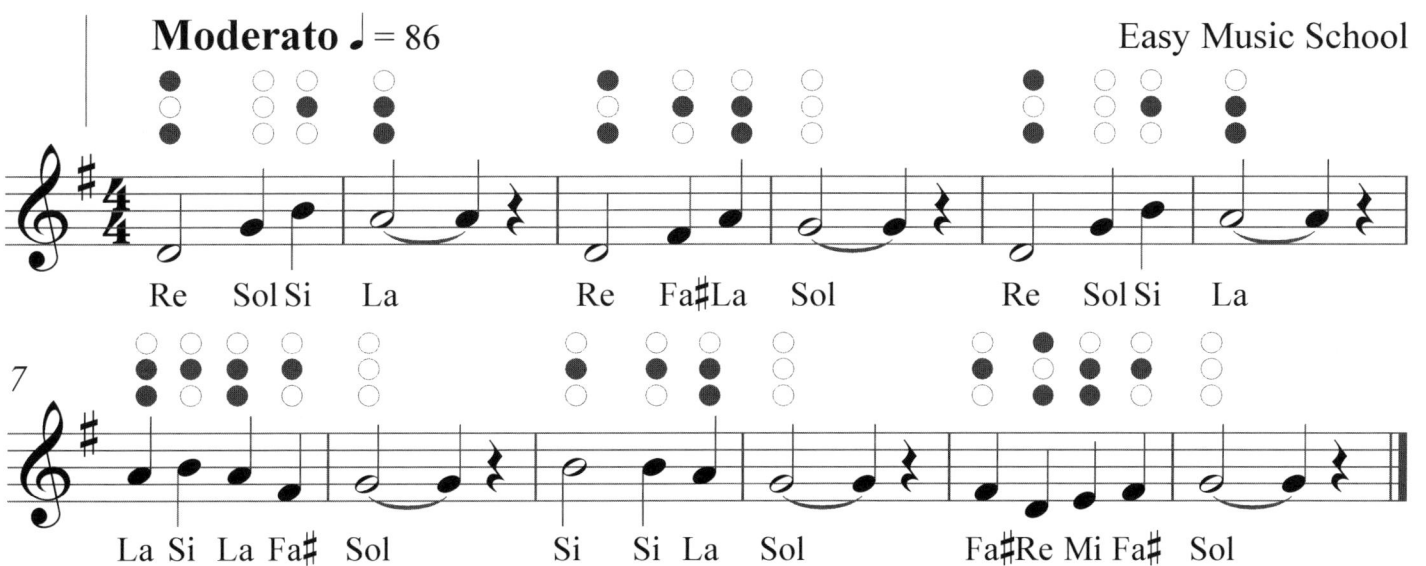

La palabra *simile*, que ves en el compás cinco, significa "similar", o sea que sigues tocando de la misma forma que los compáces anteriores con la ligadura de fraseo. Se usa para no tener que poner la ligadura en todos los compases.

Recuerda que tienes la armadura de Re, y que debes tocar todos los Fa♯ y Do♯.
Acuerdate que el Fa♯ se puede tocar como está el dibujito, o con las tres valvulas apretadas, tocalo de las dos formas.

Estudio Para Trompeta No. 19

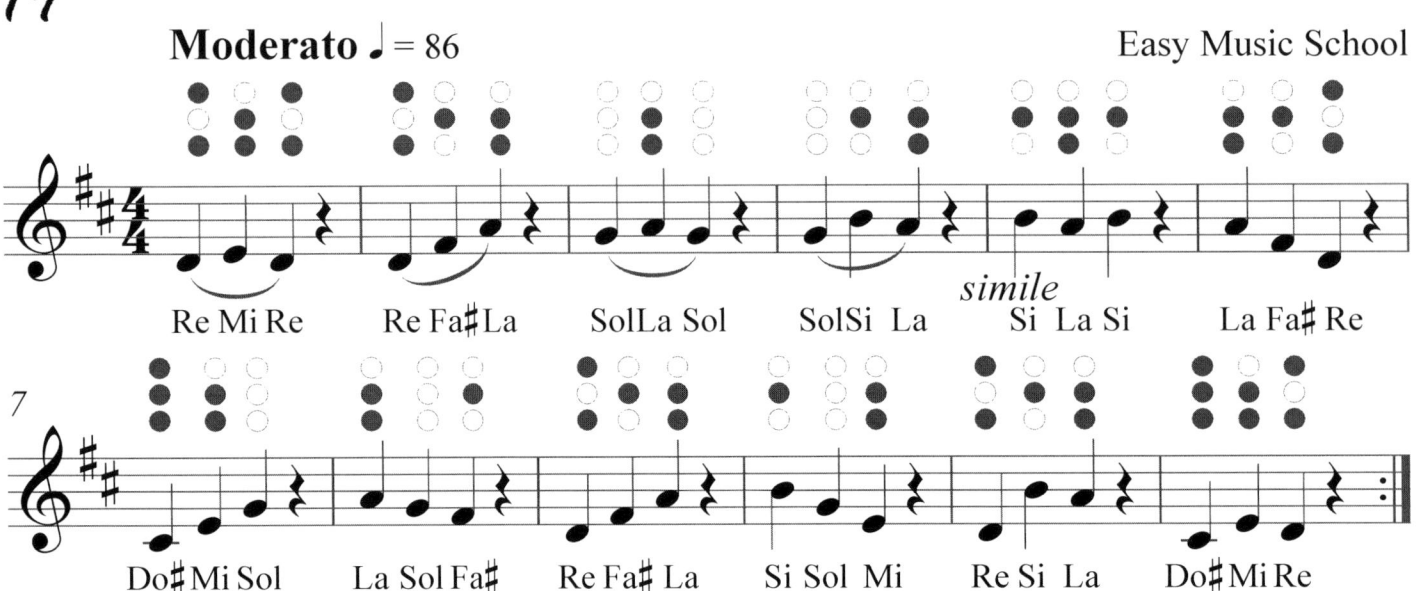

Una nota nueva y un ritmo nuevo. La nueva nota es la de Do, que está en el tercer espacio del pentagrama. Fíjate que la nota de Do de abajo, el Sol de la segunda línea y el Do alto, las tres notas se tocan sin apretar ninguna valvula, o sea que debes utilizar tres tipos de embocadura diferente. Al principio te va a costar un poco de trabajo, pero...si se puede!

El ritmo nuevo es de octavos, escucha primero el CD, y vas a ver que tocas dos notas en un solo tiempo, la nota de octavo es el Sol del noveno compás, y hay un silencio de octavo. Cuando hay dos octavos seguidos se unen por un corchete, la línea gruesa que une dos octavos.
Con éste estudio ya estas listo para tocar muchas canciones.

Estudio Para Trompeta No. 20

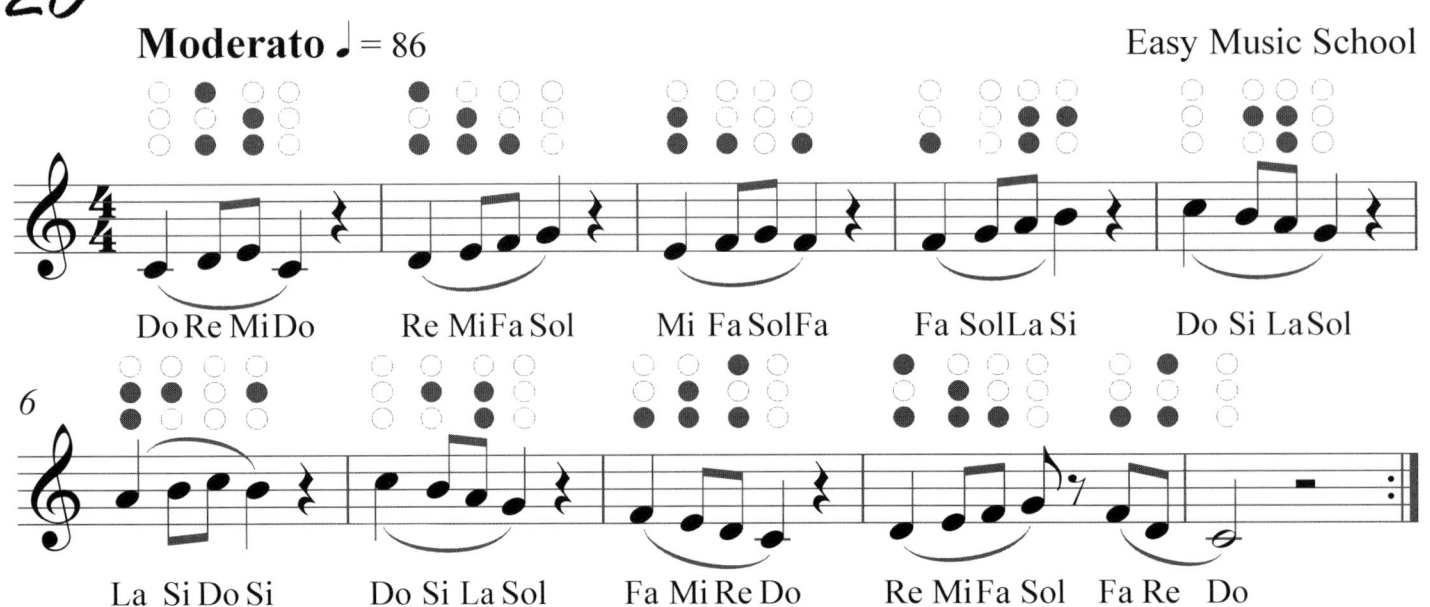

Como tocar las escalas.

Notas de la escala de Sol Mayor.

Las escalas son muy importantes a la hora de aprender a tocar un instrumento, en éste libro te voy a poner varias escalas, no quiere decir que todas son para el primer nivel, pero algun dia las vas a tener que tocar.
Las notas altas, a partir del Do en el tercer espacio, son más latosas para tocar, pero practicalas todos los dias, y segurito que las vas a poder hacer.

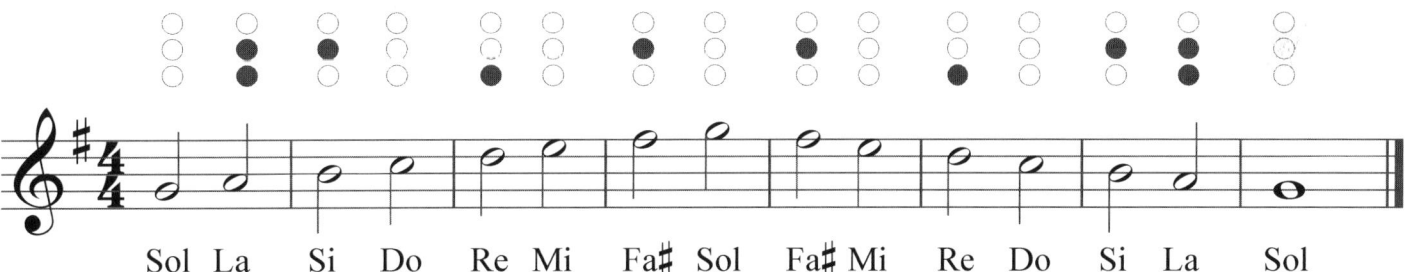

Notas de la escala de Re Mayor.

Otra escala muy importante es la escala de Re Mayor, es un poco más baja que la de Sol, El Re de abajo se toca en diferente posición que el Re de arriba.
En ésta escala hay dos notas que son sostenidos, el Fa# y el Do#. Toca cada escala muy bien, al menos 10 veces seguidas sin equivocarte.

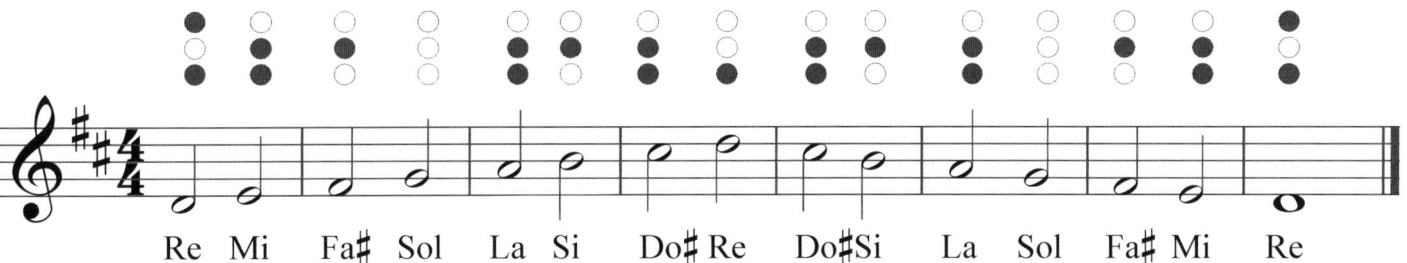

Notas de la escala de Do Mayor.

La escala de Do es una de las más sencillas para tocar en la trompeta, no tiene notas muy altas y hay muchas canciónes que se pueden tocar con ésta escala.

Una vez que ya puedas tocar todas las notas de la escala, practicala muchas veces hasta que te salga muy bien.

Recuerda que en ésta escala la nota de Do, de Sol y el Do alto se tocan con la misma posición, sin apretar ninguna valvula.

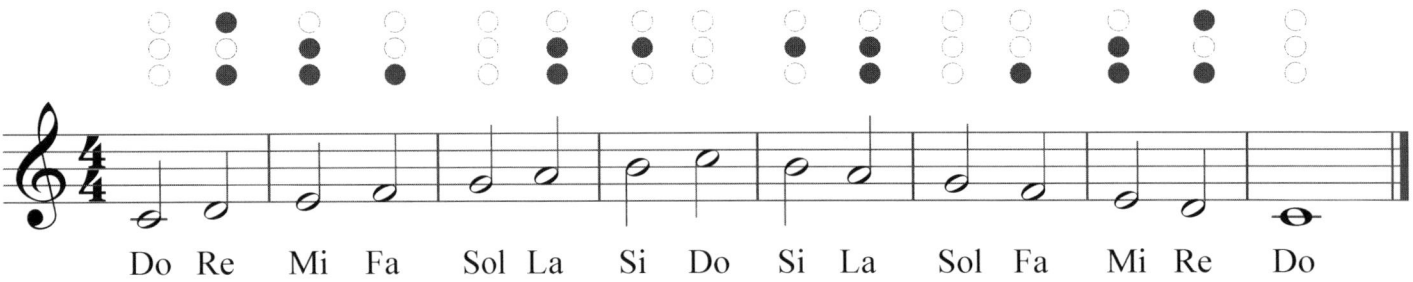

Notas de la escala de Fa Mayor.

La escala de Fa, lleva un solo bemol, el Si♭ y lo tocas igual que el Fa, en la misma posición, pero con diferente embocadura. Es muy importante que te aprendas de memoria todas las escalas, porque con ellas, vas a tocar todas las canciónes, y la única manera de aprendertelas, es tocandolas todos los dias muchas veces.

Toca cada nota de una por una, y asegurate que se oigan igualito que en el CD.

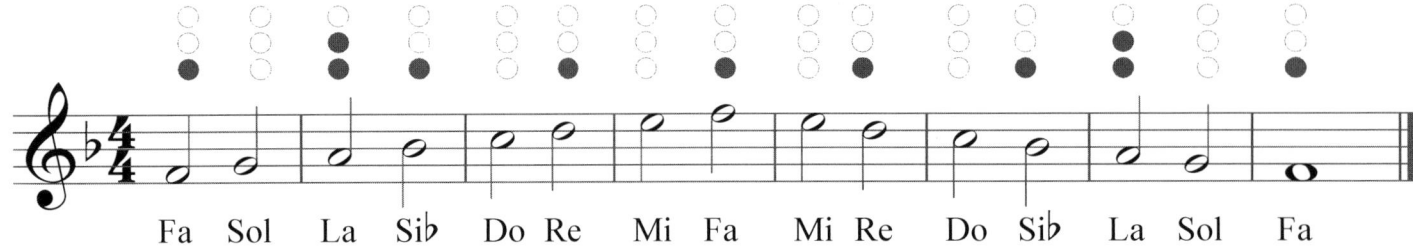

Notas de la escala de Mi Mayor.

En ésta página vas a aprender varias cosas, lo primero son las escalas de Mi y de Mi♭, en la escala de Mi en el segundo compás, hay una nota de Sol♯ y en la escala de Mi♭ en el segundo compás hay una nota de La♭, fíjate que las dos notas se tocan exactamente igual, quiere decir que el Sol♯ y el La♭ se oyen igual y se tocan igual, pero se escriben diferente en el pentagrama.

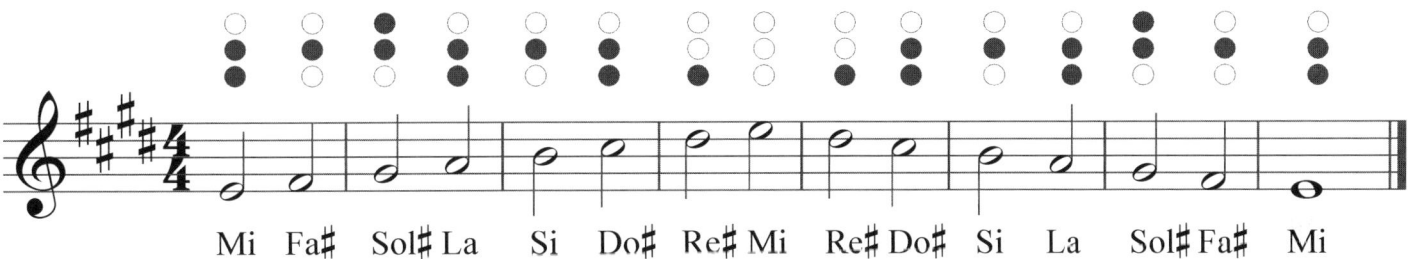

Sol♯ y La♭ se tocan igual.

En las dos escalas está la misma nota, en la escala de Mi hay 4 sostenidos, Fa♯-Do♯-Sol♯-Re♯.
Y en la escala de Mi♭ hay 3 bemoles, Si♭-Mi♭-La♭.

Notas de la escala de Mi♭ Mayor.

El Mi♭ que está arriba cuesta un poco de trabajo tocar, igual que el Re alto, Fíjate en la nota de La♭ que se toca igual que el Sol♯ de la escala de Mi.
Cada una de las escalas que te has aprendido debes seguir tocandolas dia con dia muchas veces, poco a poco vas a ir agarrando velocidad.

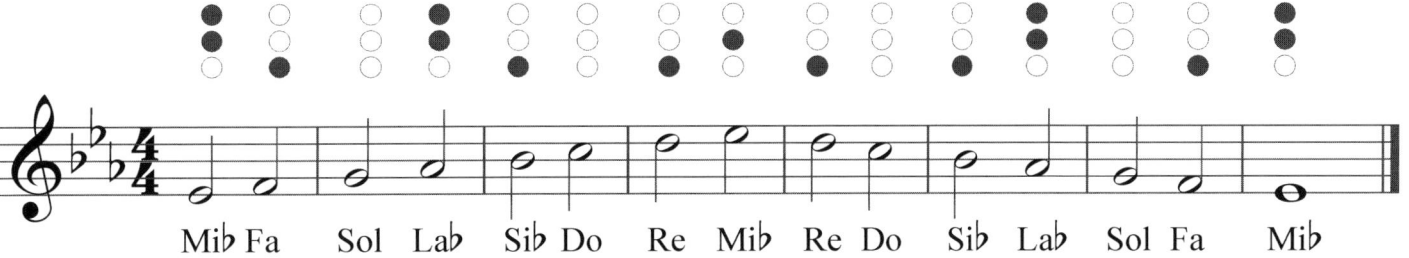

Notas de la escala de Re♭ Mayor.

Con la escala de Re♭ vas a ver 5 bemoles al principio del pentagrama. Se ve como si fuera más difícil tocar, pero en realidad es lo mismo, fíjate, que son las mismas posiciónes que en otras notas. Por ejemplo el Re♭ se toca igual que el Do♯, recuerda que la trompeta solo tiene 3 valvulas, asi que solo aprendete cuales notas se tocan en cada escala.

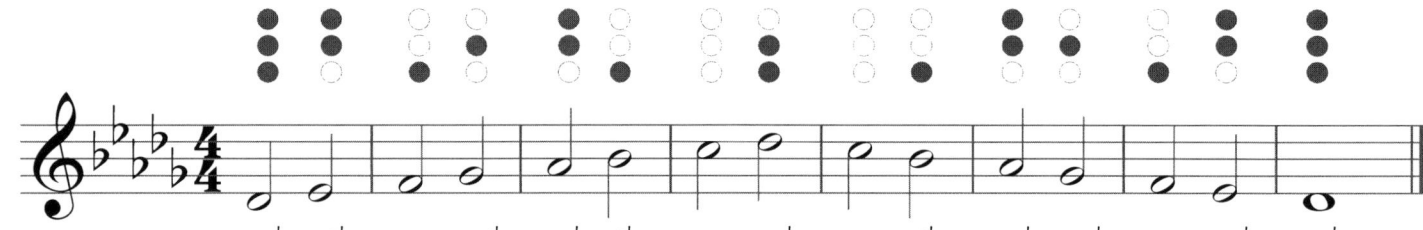

Notas de la escala de Si Mayor.

Lo mismo ocurre con la escala de Si, tiene 5 sostenidos, y es tan fácil de tocar como todas las demas.
Ten cuidado con la nota baja de Si, de ahi en fuera, todas las demas notas deben ser fáciles.
Una cosa que debes de notar, es que la nota de Re♭, de la escala anterior, se oye igual al Do♯ de ésta escala.

Armaduras

Las armaduras son muy importantes para reconocer el tono en el que está una canción. Si tiene dos sostenidos, está en RE, si tiene 3 bemoles está en MI♭. Aprendete estas.

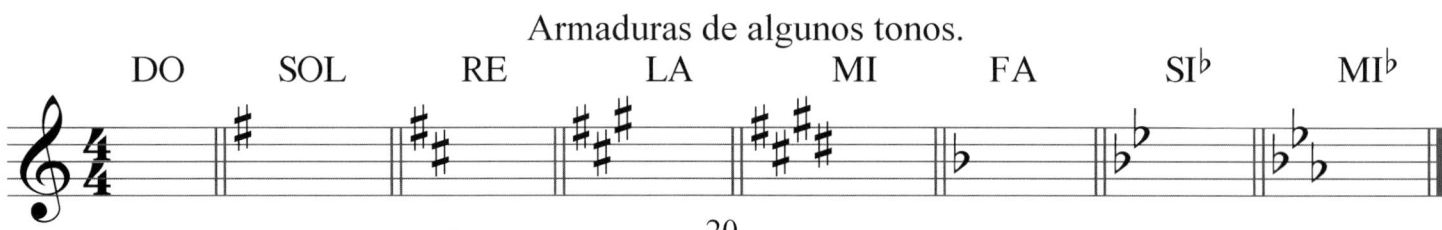

Escala de Re menor natural.

Asi como hay escalas Mayores, también hay escalas menores. En las escalas menores hay tres tipos de escalas, la más popular y la que se usa con mayor frequencia es la escala menor armonica.

Vamos a usar como ejemplo, la escala de Re menor. Primero fijate en la **escala menor natural**, no tiene ninguna alteración.

Solamente el Si♭ que está en la armadura y es parte del tono. La escala sube y baja con las mismas notas. Toca la escala varias veces hasta que te la memorices.

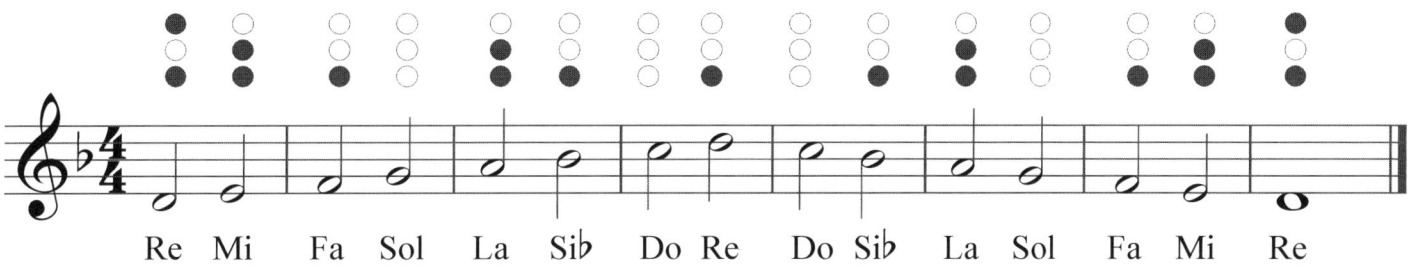

La escala de **Re menor armonica**, lleva una alteración en la septima nota, en este caso es el Do♯.

Y también como la escala menor natural, la escala menor armonica sube y baja de la misma forma.

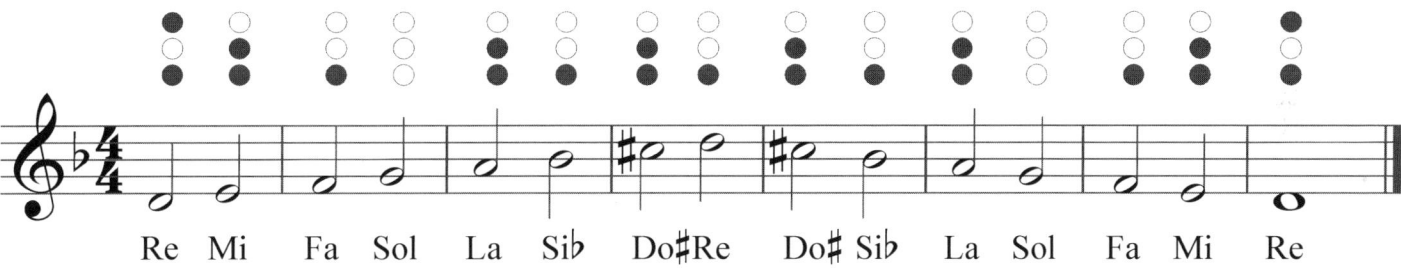

La **escala menor melodica**, sube de una forma y baja de otra. Cuando va para arriba, se alteran dos notas, la sexta y septima nota. El Si♭ se hace Si natural.

El Do♯ se usa igual que la escala menor armonica. Cuando va para abajo, baja de la misma forma que la escala menor natural, con el Do natural y el Si♭.

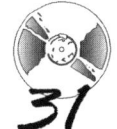
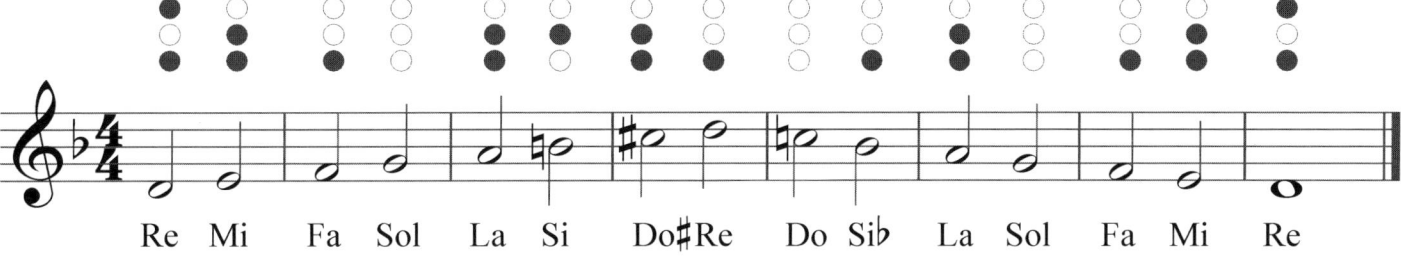

Canciónes muy sencillas.

Con pocas notas.

Practíca éstas melodias con notas basicas, como la redonda (o), y la blanca (𝅗𝅥). Ésta canción lleva solo 4 notas, y es muy fácil de tocar, lo importante es que la puedas tocar a tiempo junto con el CD y que las notas se oigan claritas, y que respires de la manera adecuada, "simplemente" que la toques bien.

¿En que tono esta esta canción?
_____

¿Cuales son las dos notas que se tocan igual? _____

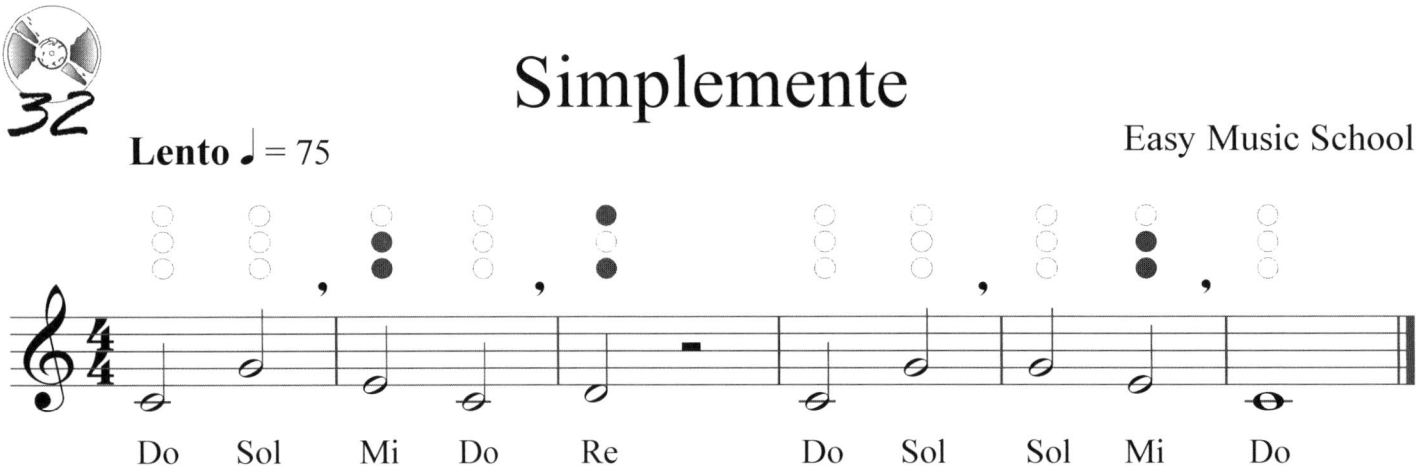

Con silencios de un tiempo.

En ésta canción vas a practicar las notas negras, o de un tiempo (𝅘𝅥). Y también el silencio de dos tiempos. Las notas son fáciles de tocar y ya te las debes saber de memoria, las pongo arriba solo como referencia, pero trata de ver las notas solamente.
Si escuchas el CD y tratas de tocar la música con un piano o una guitarra, te vas a dar cuenta que se oye en otro tono, y eso es porque la trompeta es un instrumento que transporta las notas.

¿Cuantas notas de un cuarto hay en un compás de 4/4?
_____

¿Cuanto dura la nota blanca?
_____

Ligaduras.

La **ligadura** une a dos notas del mismo sonido, y sirve para alargar la duración de las notas.

En el compás dos, hay un Sol de dos tiempos y un Sol de un tiempo, pero como tiene la ligadura, entonces se toca solo una vez pero el sonido dura tres tiempos.

De la misma manera en el compás que sigue hay un Mi, y también dura tres tiempos, porque tiene un puntito despues de la nota. Escucha el CD y toca junto con él.

El silencio de un tiempo (𝄽) lo ves en el compás 2, 3 y 5.

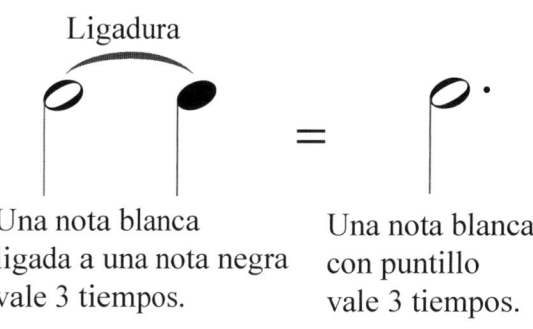

Una nota blanca ligada a una nota negra vale 3 tiempos.

Una nota blanca con puntillo vale 3 tiempos.

Ligaduras de fraseo.

La **ligadura de fraseo**, se usa para tocar por grupos de notas o frases músicales.

En el primer compás hay tres notas; un Do de dos tiempos, un Re de un tiempo y un Do de un tiempo. Al principio del segundo compás hay un Mi, estas cuatro notas tienen una ligadura debajo de ellas, quiere decir que al tocarlas debes usar una sola respiración al tocar las cuatro notas. Luego respiras y tocas las siguientes tres.

¿Cual es la diferencia entre una ligadura y la ligadura de fraseo? _____

¿Cuantos compases hay en ésta canción? _____

Canciónes sencillas.

Canciónes en varios tonos.

La trompeta es un instrumento muy versatil, puede tocar en cualquier tono y cualquier tipo de ritmo, solo hay que darle tiempo para poder respirar.

A continuación hay cuatro canciónes en varios tonos. Recuerda que si tocas la música del CD en piano o guitarra se va a oir diferente.

Al final del libro te explico un poco como se transporta la música.

¿Eres el sol tiene un sostenido al principio de la armadura, en que tono está? _____
¿Cual es la última nota? _____

Los octavos o las corcheas.

Los octavos, como su nombre lo dice duran un octavo de tiempo, o sea, que en un tiempo de un cuarto, se tocan dos octavos.

A los octavos también se les llaman corcheas, son las notas con una colita, (o *plica*)

La nota negra con puntito, vale un tiempo y medio.

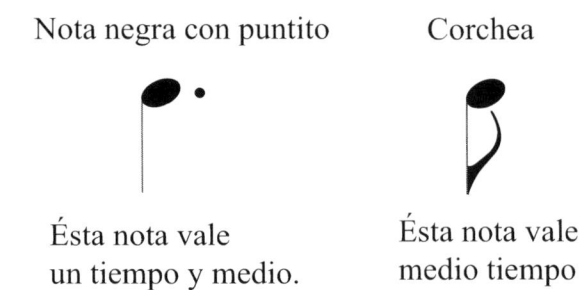

Nota negra con puntito — Ésta nota vale un tiempo y medio.

Corchea — Ésta nota vale medio tiempo o un octavo.

Aquí hay varios octavos juntos, son ocho en un compás, escucha el CD para que sientas en que tiempo se deben de tocar. Son un poco más rapido que las notas de un tiempo, asi que mueve los dedos rapidito.

Fijate en el patrón de como se deben de tocar cada una de las notas, y vas a ver que se repite, de esa manera es más fácil tocar la canción y memorizarla.

¿Con un bemol en la armadura, en que tono está ésta canción?
_____

¿Cual es la última nota?
_____

Notas de dos tiempos y cuatro octavos, asi se forma un compás completo de 4/4. Dos octavos es un tiempo, cuatro octavos son dos tiempos, asi que, dos tiempos y la nota blanca de dos tiempos, suman cuatro tiempos. Poco a poco le vas a entender mejor.

Recuerda que la ligadura de fraseo, es para respirar una sola ves y tocar todas las notas que esten dentro de la ligadura.

¿En la armadura hay dos sostenidos, cuales son? _____
¿Cuales son las notas de la escala de Re? _____

Signos de repetición.

Los signos de repetición.

Hay una forma de repetir la música usando unos símbolos de repetición, son las barritas con dos puntitos que ves en la partitura.

Cuando la música se repite, se usa un símbolo como una "S" (𝄋), y se llama "segno" del idioma italiano que significa "signo", y cuando la música se repite hay indicaciónes que dice que te regreses "al segno" o sea repite desde donde está el símbolo del segno (𝄋)

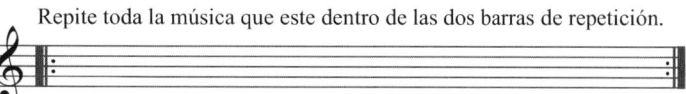
Repite toda la música que este dentro de las dos barras de repetición.

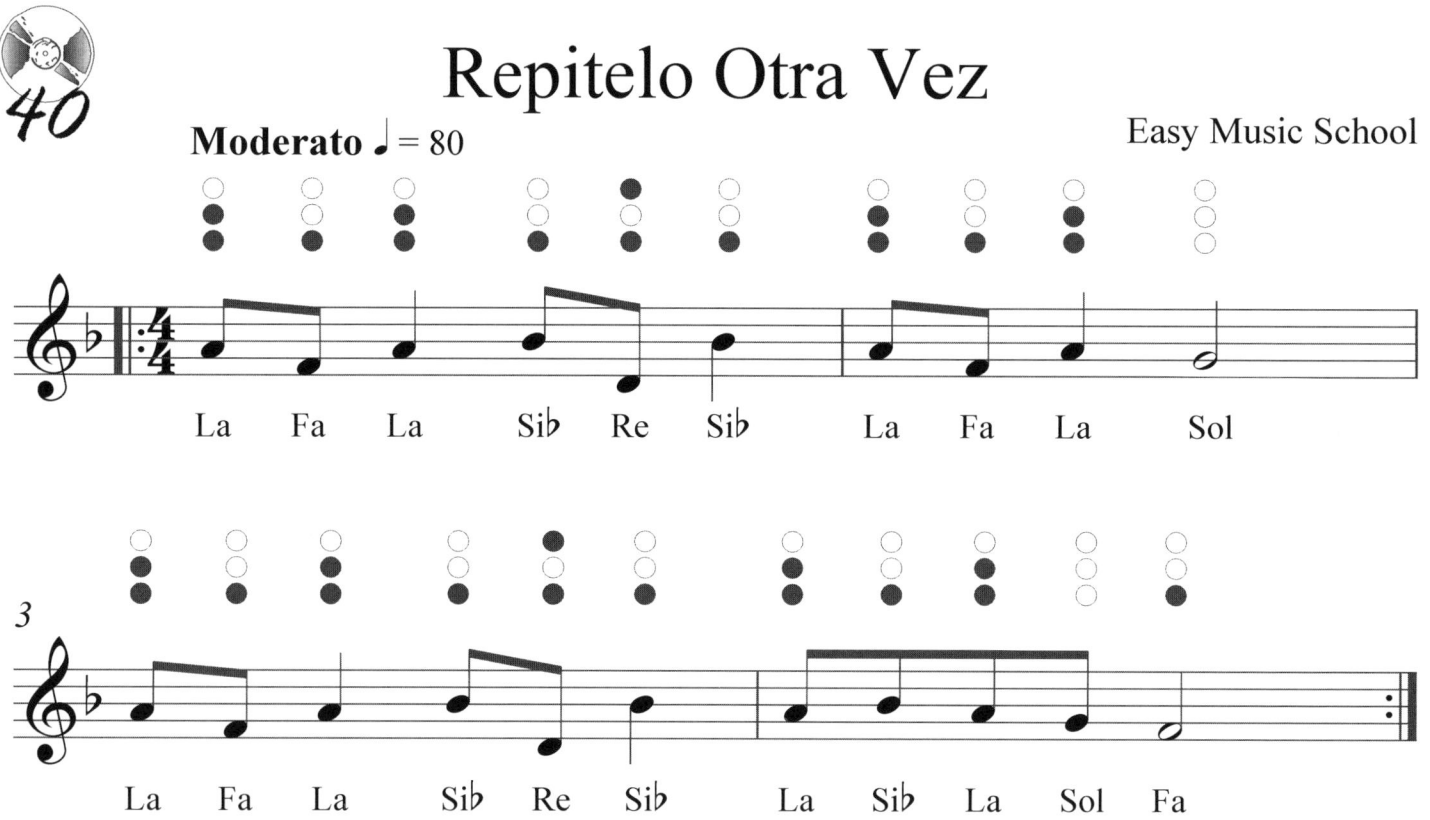

El Motivo.

El motivo es un fragmento de música que se repite durante toda la canción. Pueden ser dos o tres notas, y es muy fácil de ver.
El motivo melódico es cuando se repiten las mismas notas, y por supuesto el mismo ritmo. El motivo ritmico es cuando el ritmo es igual pero las notas son diferentes. La mayoria de canciónes usan motivos para sus melodias.
La quinta sinfonia de Beethoven es una de las piezas mas populares y tiene un motivo de tres notas.

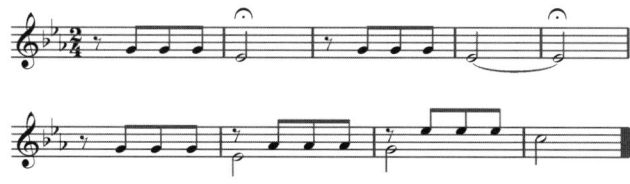

El motivo de ésta canción es dos corcheas y una negra, es un motivo ritmico porque las notas son diferentes pero el ritmo es igual.

En muchas ocasiones vas a encontrar música escrita, que no es para trompeta, y vas a ver que no tiene comitas de respiración, asi que tu debes de calcular el aire que ocupas para poder tocar la canción bien. Lo principal es que toques cada una de las notas a tiempo y que se oigan bien.

¿La nota negra con puntito cuanto vale? _____
¿Para que sirven los signos de repetición? _____

Ésta canción está en el tono de Sol, y las notas son fáciles de tocar. La nota más alta de esta melodia es la nota de Do, recuerda que esa nota se toca igual que la nota de Sol, asi que ten cuidado de como tocar una y otra.
Ésta canción debe ser sencilla para ti, asi que dentro de poco comenzaremos a tocar más avanzado.

¿Cuanto tiempo vale una corchea? _____
¿Para que sirve la ligadura de fraseo? _____

Contesta las siguientes preguntas:
¿Como se llama éste símbolo ♯ y para que sirve? _____
¿Cuanto dura ésta nota ♩ y como se llama? _____
¿Como se llama éste signo 𝄋? _____
¿Cuantos sostenidos tiene la escala de Sol? _____
¿Que es una **armadura**? _____
¿Cuanto tiempo dura éste silencio 𝄽? _____

Anacruza y dinamica.

Anacruza.

Hay canciónes que en lugar de empezar en el primer tiempo del compás, empiezan en el segundo o en el cuarto, o en cualquier otro tiempo, menos el primero. A ese conjunto de notas que están antes del primer compás, se le llama **anacruza**. La anacruza puede ser una nota o varias notas. Ésta canción está en el tono de La, asi que ten cuidado en tocar las notas correctas.

¿Cuantos octavos hay en un compás de 4 tiempos? _____

¿Cual es la nota que se toca en la anacruza? _____

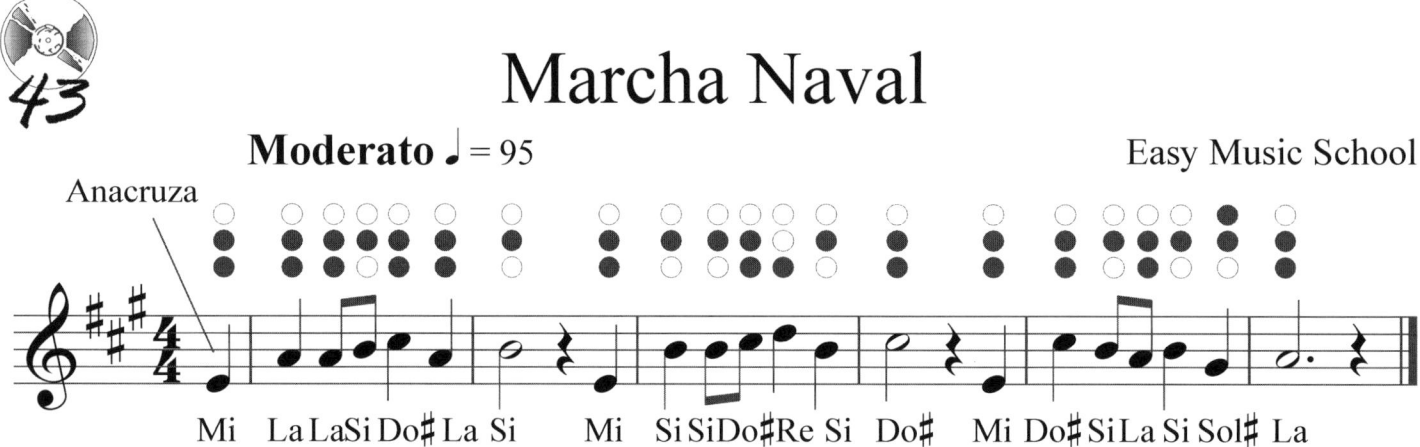

La anacruza de esta canción es de dos notas, una anacruza puede ser de una o varias notas, mientras la canción no comienze en el primer tiempo, entonces se le llama anacruza.

Ésta canción va lenta, asi que vas a manejar el aire mejor, recuerda que aunque no tenga comitas de respiración, tu debes de calcualr en donde respirar.

¿Dos corcheas cuanto tiempo valen? _____

¿Cuanto tiempo vale una blanca ligada a una negra? _____

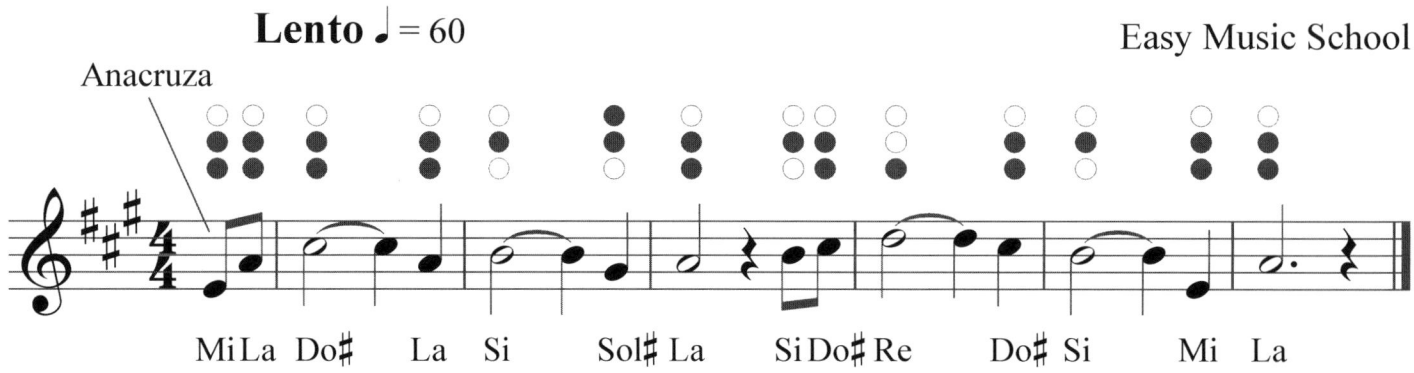

Dinamica.

La dinamica te explica los símbolos que se usan en la música para que sepas cuando tienes que tocar con diferente volúmen. Siempre que escuchas música, a veces se escucha muy fuerte o a veces muy quedito, pues en la música hay letras o palabras para decirte como debes de tocar.

En la trompeta entre más fuerte le soples, más fuerte se oye. Con la trompeta puedes tocar muy quedito o muy fuerte, es cosa de practica, y recuerda que no importa si tocas fuerte o quedito, las notas se deben oir muy bien. De hecho la trompeta es uno de los instrumentos de metal que más fuerte se escuchan.

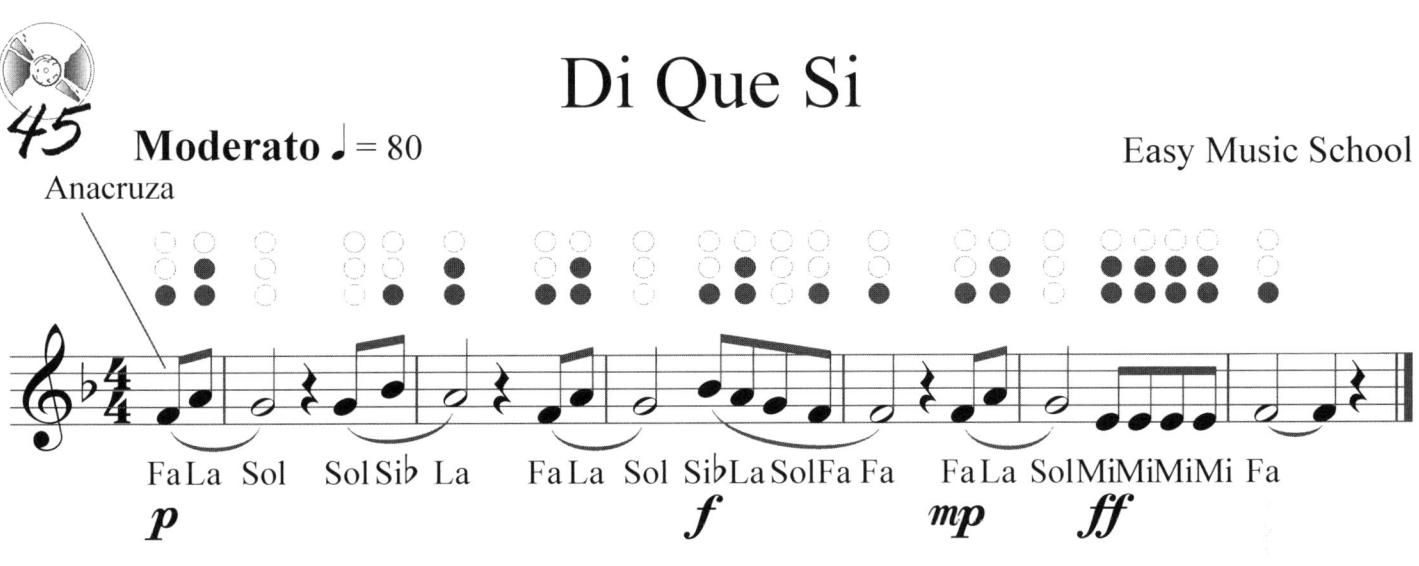

pp *pianissimo*   Toca muy bajito de volumen, que apenas se oiga.

p *piano*   Bajito de volumen, pero no tanto.

mp *mezzopiano*   Medio bajito, poquito mas fuerte que *piano*.

mf *mezzoforte*   Medio fuerte, poquito menos fuerte que *forte*.

f *forte*   Fuerte de volumen, que se oiga.

ff *fortissimo*   Ahora sí, toca muy fuerte, fuertisimo.

Cuando toques éstas canciónes trata de tocar quedito o fuerte de acuerdo a las letras que veas debajo de las notas. Aprendete estos cuantos símbolos, son muy fáciles.

crescendo
Quiere decir "creciendo", o sea que cada vez tocas mas fuerte.

decrescendo
Quiere decir "decreciendo", en éste caso poco a poquito le vas bajando el volúmen. Vas tocando mas bajito.

Estudios de Arpegios.

En el tono de Do Mayor.

En el tono de Re Mayor.

Como la trompeta no puede tocar más de una nota a la vez, por eso no puede tocar acordes, pero la forma de tocar un acorde en la trompeta, es haciendo un arpegio, se toca nota por nota, de una por una. En los estudios de arpegios hay varios acordes, pero se tocan las notas separadas.

Adornos en Arpegios.

Adornos en varios tonos.

Hay miles de adornos que se pueden tocar con la trompeta, aquí te pongo solo algunos. Los adornos estan en varios tonos. Antes de tocar cada uno, escucha el CD y analiza cada una de las notas, y fíjate en los patrones que se parecen al tocar la valvulas de la trompeta.

Variaciónes de Arpegios.

Variaciónes de arpegios.

Hay varias formas en que se puede tocar un arpegio, a continuación hay solo algunas de ellas, en libros o canciónes vas a encontrar más, recuerda que un arpegio son las notas de un acorde, tocadas de una por una.

Estos arpegios estan en el tono de Do, y como puedes ver todas las notas, menos el Mi de la primera línea, se tocan con las valvulas sin apretar, asi que éste es el mejor ejercicio para practicar la embocadura.

Moderato ♩ = 80   Easy Music School

50

Canciónes más largas.

Para tocar una canción más larga, ocupas leer un poco mejor, o tener más memoria para recordar las notas y saber donde se toca cada una de las notas para que no tengas problemas a la hora de tocar cada nota.

También tienes que tener cuidado de fijar la vista en las notas que vas tocando y en el pentagrama en el que vas, o el compás que sigue, con las canciónes largas es más fácil equivocarte.

Aprede la canción por secciones, un pedacito a la vez.

Aquí tienes dos canciónes muy populares que ya deberias de poder tocar muy bien.

51

Himno A La Alegria

Allegro ♩ = 100

Ludwig Van Beethoven

Fa# Fa# Sol La La Sol Fa# Mi Re Re Mi Fa# Fa# Mi

Fa# Fa# Sol La La Sol Fa# Mi Re Re Mi Fa# Mi Re

Mi Fa# Re Mi Fa#Sol Fa# Re Mi Fa#Sol Fa# Mi Re Mi La

Fa# Sol La La Sol Fa# Mi Re Re Mi Fa# Mi Re Re

La cucaracha se toca un poquito más rapido que las canciones anteriores, así que a mover los dedos rapidito.
La cucaracha está en el tono de Fa, recuerda que el Si♭ se toca con la misma posición que el Fa y el Re alto.

Al tocar una canción así de larga, a veces se confunde uno con las notas, o se le olvida a uno que tocar, por eso es importante aprenderse pedacito por pedacito de la canción. Toca la primera frase o la segunda y aprendetelas de memoria, luego la que sigue, y la que sigue, hasta que toques la canción completa.

Dia a dia.

La buena practica hace al maestro.

A continuación voy a poner una serie de ejercicios y rutinas diarias para mejorar y aprender a tocar la trompeta cada dia mejor. Puedes hacer uno de éstos ejercicios al dia, no importa el orden, unos son más fáciles que otros, pero cada uno te sirve para algo diferente, recuerda, toca uno de estos ejercicios dia a dia.

Nota* Como la nota de Do se toca sin apretar ninguna valvula, no vas a ver los dibujitos de la grafica sobre cada nota. La música se ve más limpia y debes de poderla tocar sin problema alguno.

Dia A Dia No. 1

Moderato ♩ = 90

Easy Music School

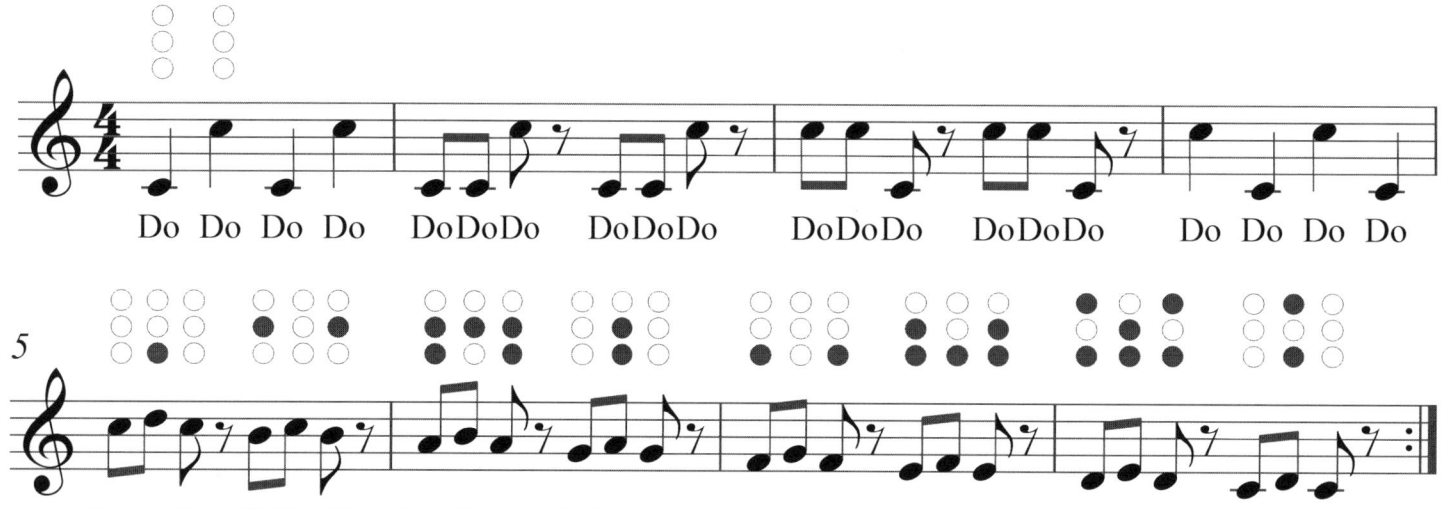

Dia a dia no. 1 está en el tono de Do y dia a dia no. 2 en el tono de Re.

Dia A Dia No. 2

Moderato ♩ = 90

Easy Music School

36

Cada uno de estos ejercicios requieren de cierta tecnica a la hora de tocarlos. Toca cada nota muy despacio primero, asegurandote de que se oiga bien, luego toca compás por compás y por último todo el ejercicio lentamente, y poco a poco vas haciendolo más rapido.
Dia a dia No. 3 está en el tono de Do.

Con éste ejercicio vas a practicar una octava, de Re bajo a Re alto, y los saltos entre notas graves y notas agudas. Antes de empezar a tocar éste ejercicio te recomiendo tocar la escala de Re cuando menos unas cinco veces.
La escala de Re lleva dos sotenidos; Fa# y Do#.

37

Éste ejercicio está en el tono de Mi♭, y lleva tres bemoles, el Si♭, Mi♭, y La♭. Ten cuidado con algunas alteraciones, como el becuadro (♮) del segundo compás. También lo vas a ver en el cuarto y sexto compás. Fíjate en el sostenido (♯) del tercer compás.

Otro dia a dia en el tono de Fa, con un ritmo parecido pero diferente a los demas.
Cada uno de estos dia a dia tocalo lento y luego rapido, siguelos tocando dia a dia aunque ya te lo sepas, el chiste de estos ejercicios no es tocarlos una vez y ya, si no tocarlos muy bien y muy rapido, asi que siguelos tocando diario para obtener velocidad en los dedos.

Ahora vas a tocar algunos dieciseisavos, como podras oir en el CD van un poquito más rapido, y eso es bueno, porque así podras ejercitar los dedos para moverlos más rapido y tener mayor flexibilidad en los dedos.

La escala en los últimos dos compaces es la escala de Mi♭ tocada desde arriba hasta abajo.

Dia A Dia No. 7

El último dia a dia de éste libro tiene puros dieciseisavos. Tocalo lento hasta que lo puedas hacer bien, y poco a poco le podras poner velocidad.
Se toca todo el ejercicio en el tono de Fa y con la escala de Fa, toca cada uno de estos dia a dia junto con el CD para que le saques el mayor provecho posible.
Si te los aprendes de memoria vas a ser mejor trompetista.

Dia A Dia No. 8

Adornos con trompeta.

Hay muchos tipos de adornos que se pueden tocar con la trompeta, y en muchos estilos de música diferente. Una de las caracteristicas de los adornos es que normalmente se tocan con dos trompetas en lugar de una sola.

De esa manera se escucha mejor porque lleva armonia. De la forma en que vamos a ver los siguientes adornos es con dos trompetas, escucha el CD y vas a oir primero la parte de arriba, luego la parte de abajo y despues las dos trompetas juntas.

Adornos Para Trompeta No. 1

Moderato ♩ = 100 — Easy Music School

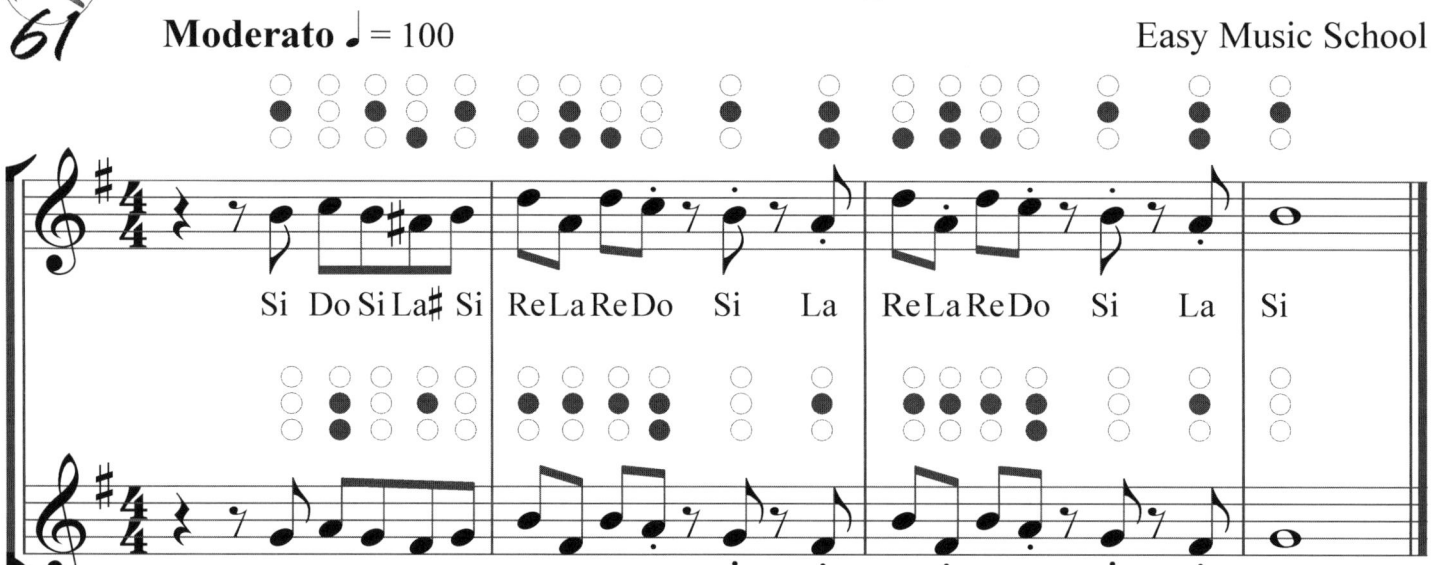

La mejor manera de practicar estos adornos es asi; Cuando oigas en el CD la parte de arriba (Primera trompeta) tu tocas la parte de abajo (Segunda trompeta) y cuando oigas la parte de abajo (2da) tu tocas la parte de arriba (1ra).

Cuando oigas las dos juntas, toca la que quieras.

Adornos Para Trompeta No. 2

Moderato ♩ = 100 — Easy Music School

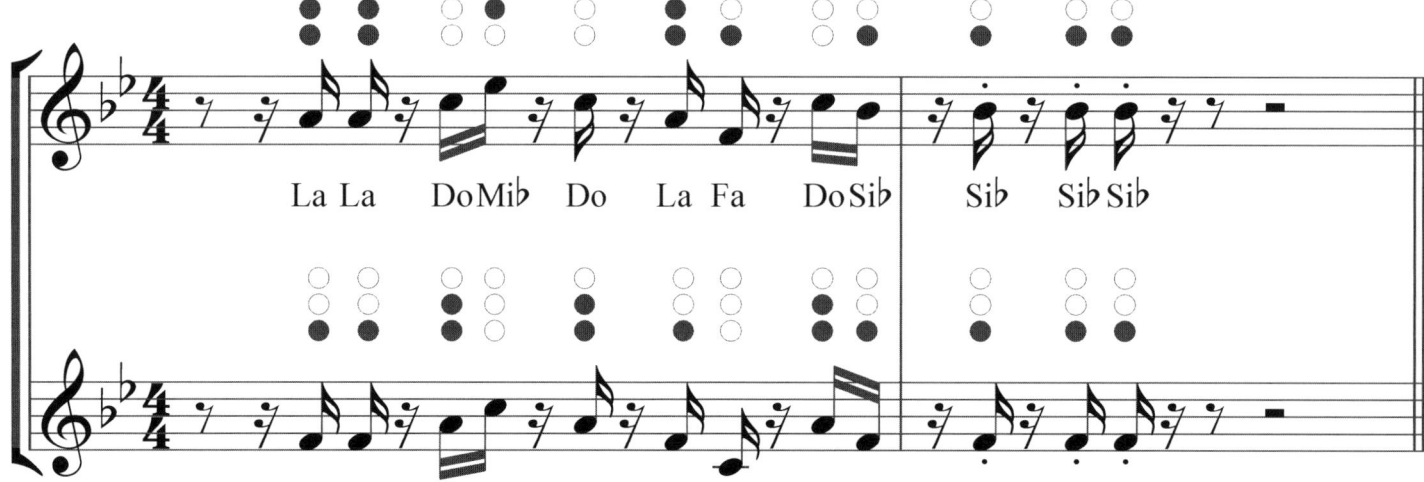

El primer adorno está en el tono de Sol, y se usa en música de mariachi, tipo balada ranchera.
El segundo adorno está en el tono de Si♭ y se usa para cumbias, o canciónes moviditas.
El tercer adorno está en el tono de Mi, y lo puedes usar en música de banda tipo valceadita.
El cuarto adorno está en el tono de La, y lo puedes usar para música norteña.

Como puedes ver hay varias formas de hacer adornos, estos son solo algunos ejemplos. Sigue estudiando y escuchando mucha música de todo tipo, y poco a poco vas a ir tu solo, sacando tus propios adornos.
Si estudias armonia y solfeo vas a poder saber hacer adornos por tu cuenta y cuando oigas uno lo vas a poder tocar de oido.

Adornos Para Trompeta No. 3

Moderato ♩ = 100 Easy Music School

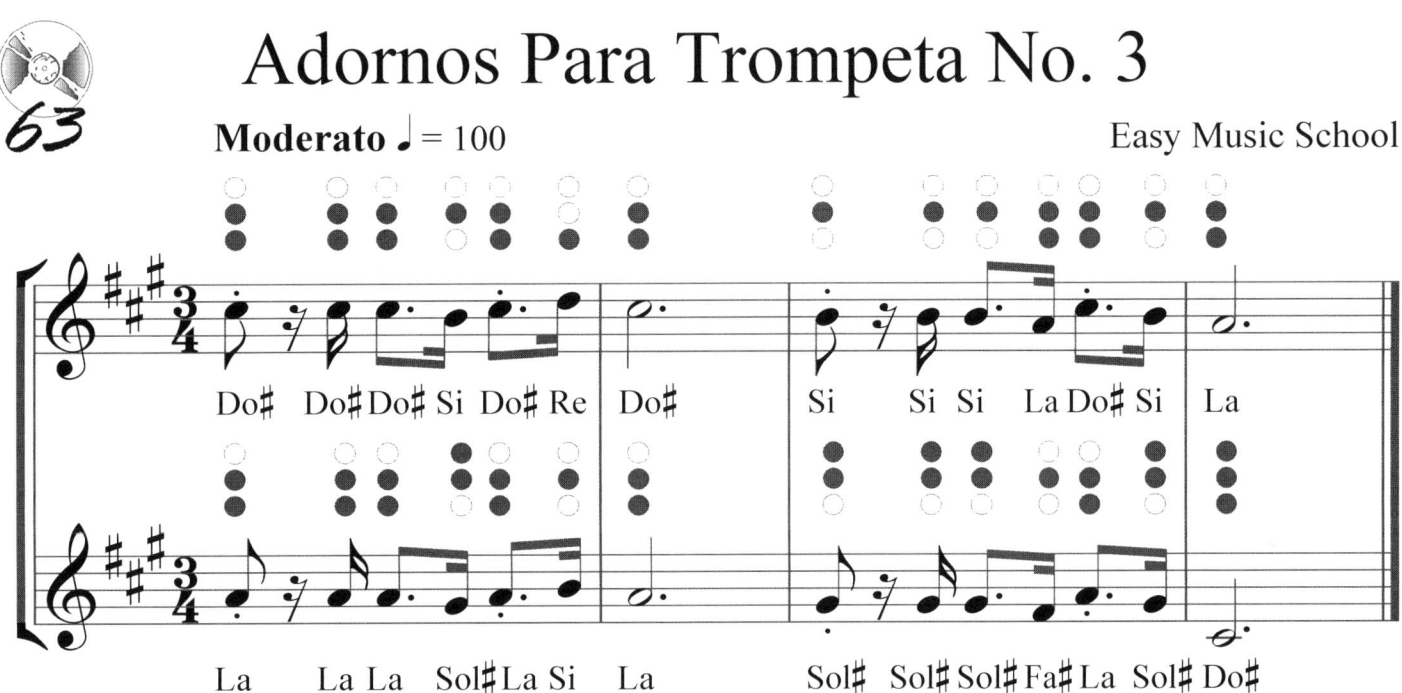

Aprendete cada uno de estos adornos de memoria. Cuando tocas de memoria es más fácil y tocas con mayor seguridad, además, si te lo sabes de memoria es porque lo tocaste muchas veces, y ese es el chiste.

En el nivel dos y en otras series de libros de Easy Music School, vas a encontrar más adornos, por lo pronto disfruta estos cuatro adornos.
¿Opina? ¿Que te parecen los adornos?

Adornos Para Trompeta No. 4

Moderato ♩ = 100 Easy Music School

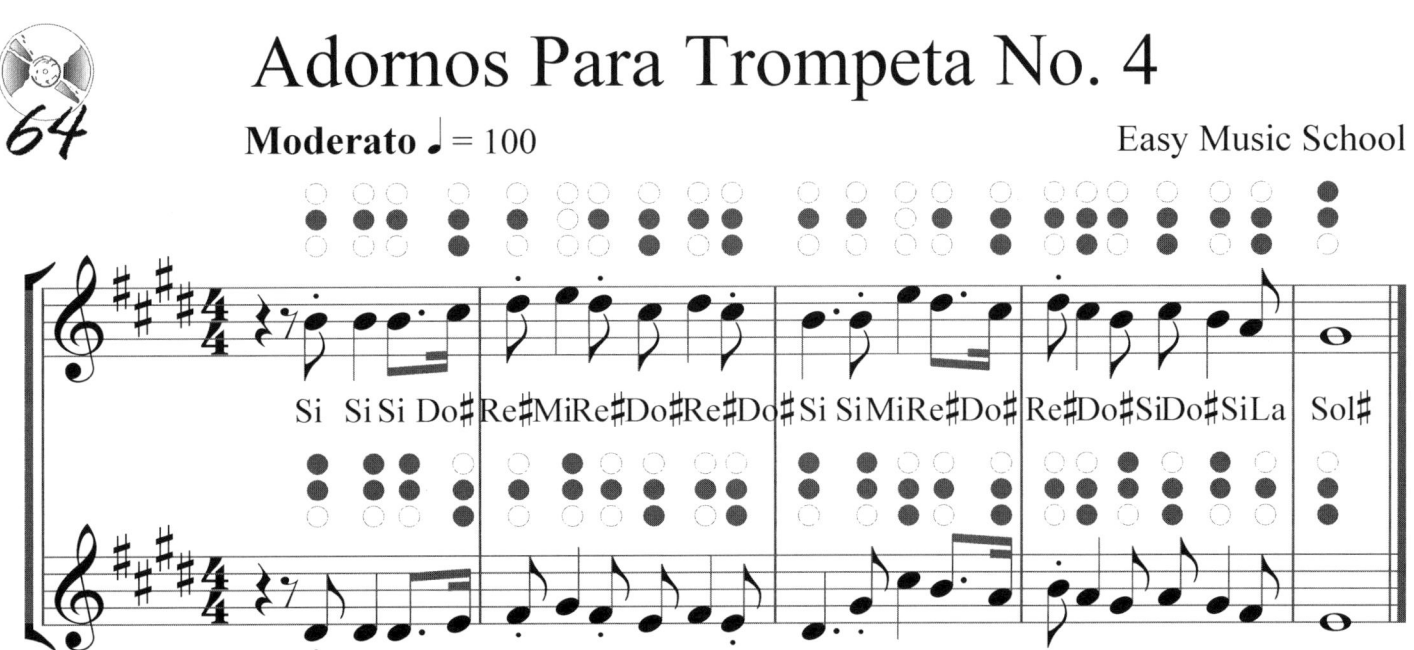

Figuritas o solos.

Los solos en la trompeta, o las figuritas, son pasajes de música que se tocan con una sola trompeta, a diferencia de los adornos con dos trompetas. Como es una sola trompeta, siempre lo toca el que sabe un poco más.

Te puedes dar cuenta que son un poco más avanzados y por supuesto se escuchan mejor.
Los solos se usan para la mitad de la canción normalmente.

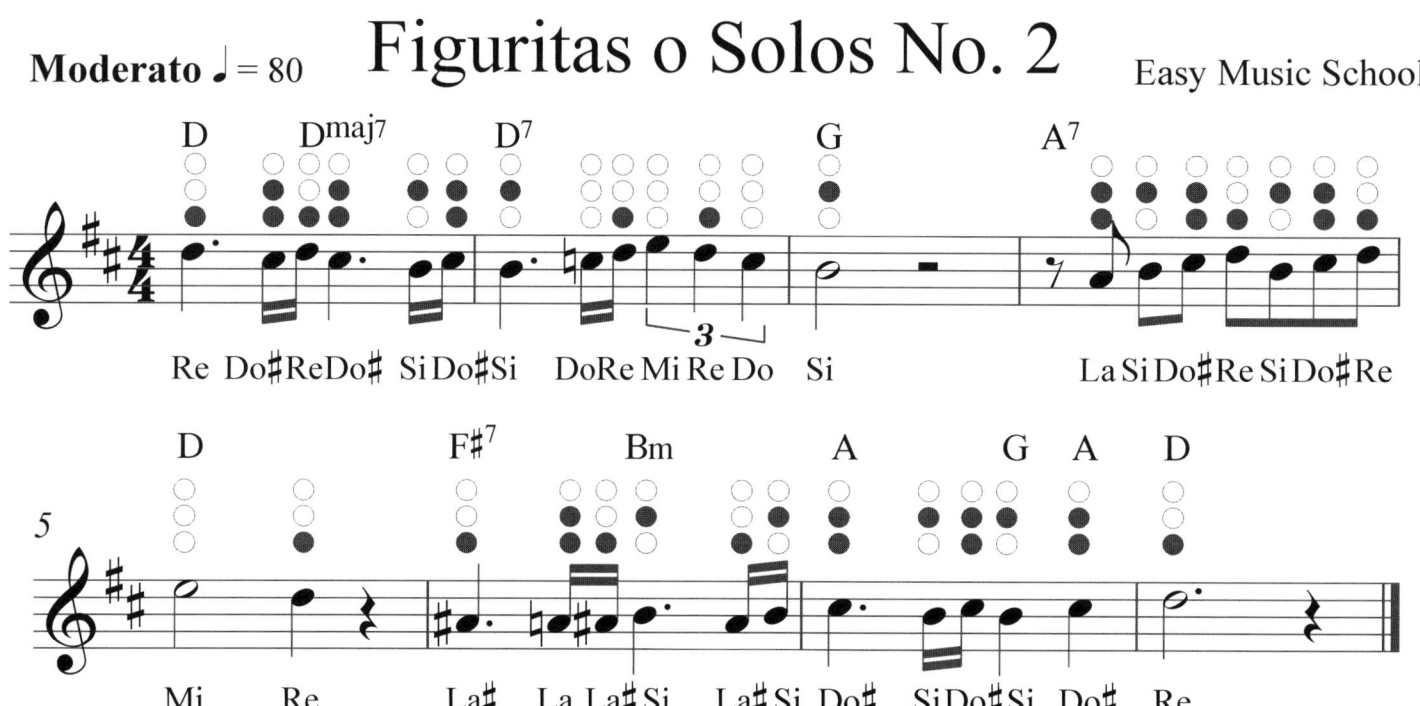

42

Figurita No. 1 en Do, figurita No. 2 en Re, figurita No. 3 en Fa
y figurita No. 4 en Sol.
La figurita No. 3 va muy lento y requiere de mucho aire, al final
la música se va haciendo más lenta. La No. 1 va muy rapidita
al principio, cada una tiene su chistecito, asi que tocalas todas.

Melodias originales.

Algunas canciónes y melodias originales para que puedas tocar como todo un profesiónal, y sin que te cueste mucho trabajo.

Intermezzo

La mejor forma de tocar éstas canciónes es escuchando primero el CD para oir como van.

El Ultimo Romance

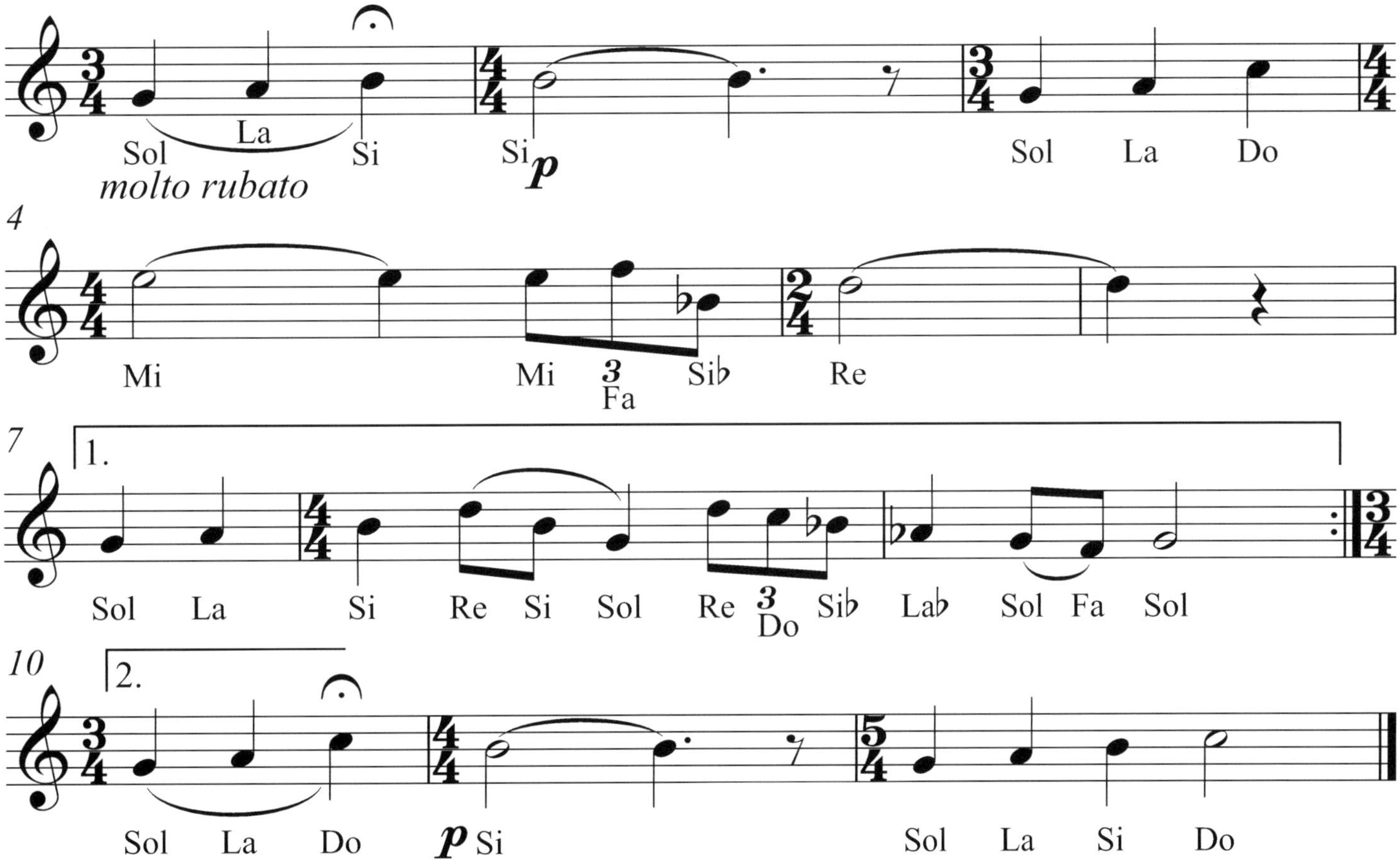

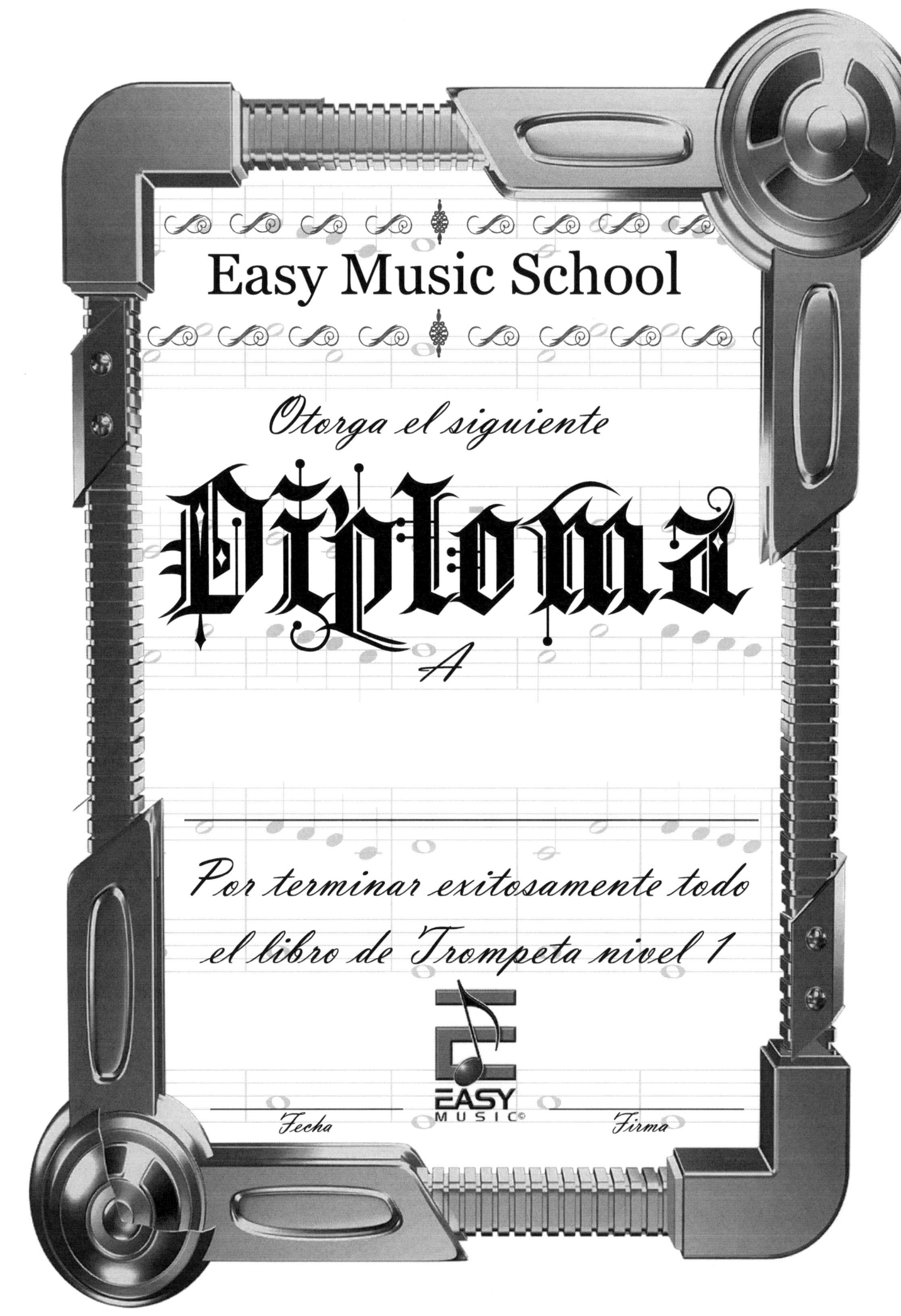